图书馆业务指南丛书

公共图书馆电子书服务

谢 强 主编

国家图书馆出版社

图书在版编目（CIP）数据

公共图书馆电子书服务 / 谢强主编 . -- 北京 ：国家
图书馆出版社，2024.12
　　ISBN 978-7-5013-7593-6

　　I.①公⋯ II.①谢⋯ III.①公共图书馆－电子出版
物－图书馆服务－研究 IV.① G258.2

　　中国版本图书馆 CIP 数据核字（2022）第 175337 号

书　　　名　**公共图书馆电子书服务**
　　　　　　GONGGONG TUSHUGUAN DIANZISHU FUWU
著　　　者　谢　强　主编
责任编辑　高　爽　张亚娜
封面设计　耕者设计工作室

出版发行　国家图书馆出版社（北京市西城区文津街 7 号　100034）
　　　　　　（原书目文献出版社　北京图书馆出版社）
　　　　　　010-66114536　63802249　nlcpress@nlc.cn（邮购）
网　　址　http://www.nlcpress.com
排　　版　北京旅教文化传播有限公司
印　　装　河北鲁汇荣彩印刷有限公司
版次印次　2024 年 12 月第 1 版　2024 年 12 月第 1 次印刷

开　　本　710mm×1000mm　1/16
印　　张　11.75
字　　数　192 千字
书　　号　ISBN 978-7-5013-7593-6
定　　价　88.00 元

目　录

前　言

　　阅读是人类进步和社会发展的重要动力。早在 1972 年，联合国教科文组织就向全世界发出"走向阅读社会"的号召。1995 年，其更是确定每年的 4 月 23 日为"世界读书日"。在我国，全民阅读正受到越来越多的重视，推进全民阅读已经进入国家战略层面。2012 年，党的十八大报告提出"开展全民阅读活动"，2014 年首次将"倡导全民阅读"写入政府工作报告，2015 年政府工作报告中进一步提出"倡导全民阅读，建设学习型社会"。近年来，"倡导全民阅读"在政府工作报告中从不缺席。2020 年 10 月，中央宣传部印发《关于促进全民阅读工作的意见》[①]。2021 年，《中华人民共和国国民经济和社会发展第十四个五年规划和 2035 年远景目标纲要》明确提出"深入推进全民阅读，建设'书香中国'"[②]。而书籍是人们阅读愿望的载体，阅读总是和书籍相关联的。在历史长河中，书籍本身的制作材质经过多次演变，从甲骨、玉石、丝帛、羊皮、竹简木牍，直到纸张，把人们的阅读需要提高到阅读享受。20 世纪 90 年代，我国实现与国际互联网的全功能连接，互联网时代开启，网络阅读迅速兴起。2009 年 1 月，3G 牌照的发放标志着我国正式进入 3G 移动通信时代，同时智能手机、平板电脑和电子书阅读器等小巧便携的数字设备也相继面世。2013 年，4G 通信网络大规模投入建设和商用，能够传输高质量图像及视频。随着 2019 年开启 5G 商用元年，5G 应用逐渐迎来导入期。信息技术的快速发展使国民阅读行为发生翻天覆地的变化，数

---

　　① 中宣部印发《关于促进全民阅读工作的意见》深入推进全民阅读[EB/OL]. [2023-11-08]. https://www.gov.cn/xinwen/2020-10/22/content_5553414.htm.

　　② 中华人民共和国国民经济和社会发展第十四个五年规划和 2035 年远景目标纲要[EB/OL]. [2024-08-02]. https://www.gov.cn/xinwen/2021-03/13/content_5592681.htm.

字阅读理念的开放化与平等化，内容的数字化、智能化，数字阅读方式的网络化、泛在化，形态的多载体化、融媒体化，效能的便捷化、分享化，服务的融合化、互动化，满足了任何用户在任何时间、任何地点以任何方式获取任何内容的阅读需求。数字阅读迅速兴起并成为日常工作和生活的重要部分，电脑、手机、电子书阅读器等可上网数字信息设备跻身主流阅读媒介。截至 2023 年 6 月，中国网民规模达 10.79 亿，其中使用手机上网的比例达99.8%[1]，我国网民也已经变成同时拥有多个装备，通过多种形式获取信息的数字杂食者（Digital Omnivores）。用户阅读行为习惯的改变，使公共文化信息以用户需求为导向、注重内容的知识提炼与信息整合、借助开放的网络环境为用户提供更加个性化的阅读服务成为必然。在此背景下，电子书作为一种重要的数字信息资源，其形成、发展、利用被越来越多的人关注[2]。

公益性文化机构尤其是图书馆，在引导全民阅读、建立学习型社会方面具有不可替代的作用。我国各级各类图书馆都不同程度地开展了电子书服务。然而，随着技术和社会的快速发展，电子书服务的不均衡现象日益突出，主要表现在以下四个方面。

第一，随着电子书的发展，内容为王逐渐成为共识。多数图书馆在电子书资源建设方面面临挑战，电子书内容成为图书馆电子书服务的瓶颈。目前大多数图书馆数字资源以商购电子书数据库为主，偏向用户认可度较高的某些知名数据库产品，辅以少量自建的电子书资源。各图书馆在电子书资源建设中，发展不均衡的情况十分突出。数字资源的采购数量，受经济发展水平的影响较大，经费充足的图书馆同时收集了中外文电子书资源，而经费不足的图书馆只能通过试用资源来弥补电子书资源的不足；在数字资源的来源方面，采购渠道较为单一，资源同质化现象严重，多数资源均来自几大主流出版社和数据库供应商，如超星电子书、万方等数据库。

第二，电子书揭示力度不够。大部分图书馆电子书隐藏在电子资源导航中，并且以独立库的形式存在，不方便用户查找。对电子书的整合力度不够，

---

① CNNIC：第52次《中国互联网络发展状况统计报告》（全文）[EB/OL]. [2023-11-08]. http://www.100ec.cn/home/detail--6631924.html.

② 孙一钢，张炜，谢强，等.国家数字图书馆的数字阅读服务与推广[J].图书馆杂志，2016（10）：4-8.

例如资源关联关系、知识图谱、大数据分析等的利用欠缺，在用户个性化、知识化、智能化需求日益强烈的今天，这种揭示力度远远不能满足用户的需求，同时导致电子书的利用率不高。

第三，电子书格式标准不统一。尤其是 PC 端和手机端，不同的电子书服务平台存在多种阅读软件和多种电子书格式，无法形成统一的标准，导致资源重复利用率低，不同平台之间交互困难，用户在不同终端之间无法形成统一的阅读进度，从而增加用户使用的不便性和阅读成本。同时，电子书格式不统一还会带来其他连锁负面效应，如信息传播受阻，电子书格式的不兼容，制约了其内容的广泛共享；版权管理的弱化，由于没有统一的格式标准，对电子书版权的监管形同虚设，这也是当前电子书存在严重侵权问题的原因之一；不利于共赢发展，由于各个电子书生产商都坚持自己的电子书格式，各自的市场规模都难以得到拓展[①]。

第四，电子书服务模式不成熟。国内还没有比较统一成熟的电子书服务模式。尽管国外电子书服务模式比较成熟，但在借阅方面仍存在种种限制，如借阅期限、借阅副本、版权限制等。

本书围绕新的技术和社会环境下公共图书馆电子书服务这一重要议题，首先界定了本书研究的电子书范畴，对电子书的发展历程、特征与分类、相关技术和标准规范等进行了全面的调研，系统梳理了国内外电子书的发展现状，以及国内公共图书馆的电子书服务现状。其次，本书通过研究图书馆电子书服务的业务流和数据流，创新性地构建出图书馆普遍适用的电子书服务模式，设计出一套完整可扩展的图书馆电子书服务平台体系架构，从而为各级各类图书馆在电子书内容和平台搭建方面提供理论依据和实践参考，有利于整体提升图书馆电子书服务能力，助力图书馆电子书服务的健康、科学、可持续发展。再次，本书在现有版权政策环境下，建设性地提出图书馆电子书版权授权政策建议，最大限度地获取电子书版权授权，丰富图书馆电子书馆藏资源，减少服务限制。最后，本书通过研究数字出版和新媒体技术发展趋势，对图书馆电子书服务进行预测性研究，为图书馆电子书服务的可持续及发挥图书馆在公共文化服务体系建设中的作用提出建议。

---

① 阮玉顺.浅议我国电子书格式标准化[J].出版广角，2015（3）：29-31.

本书内容主要分为以下八个部分：

第一章，电子书概述。对电子书的发展历程、概念与特征、格式与分类、标准和评估等进行了全面的调研，界定了本书研究的电子书的范畴。

第二章，电子书服务涉及的关键技术。梳理了图书馆开展电子书服务涉及的相关技术，为后续电子书服务模式构建和平台搭建提供技术基础。

第三章，国内外电子书发展现状。调研对比了中国、美国、韩国、日本、欧盟五个国家和地区的电子书发展情况，总结我国电子书发展存在的问题。

第四章，国内公共图书馆电子书服务典型案例。本章通过文献计量分析法，大体掌握国内图书馆电子书服务现状。选取图书馆电子书服务的典型案例，分析其服务特点、平台架构和存在的问题，为后续服务模式和平台搭建提供借鉴。

第五章，公共图书馆电子书服务模式。本章站在电子书服务的全局，从电子书的服务主体、服务对象、服务渠道、服务方式及支撑电子书服务的技术、人员、标准规范，全方位地构建出一套图书馆电子书服务模式。该服务模式既汲取了商业电子书服务模式中的可取之处，与商业电子书提供商开展合作，形成优势互补；又充分体现了图书馆特色，以图书馆为主体，深度挖掘馆藏资源，建立元数据和本地及异地对象数据的有效链接，以社会组织和商业机构作为补充，在版权范围内征集或采购读者需要的电子书资源或数据库，采用高普及率和高认知度的开放格式整合不同出版商、不同数据库、不同访问平台上的电子图书，构建一套统一检索、统一调度及统一揭示的电子书服务体系，形成覆盖全社会的信息与知识网络，通过互联网、移动互联网、广播电视网，经由PC、手机、平板电脑、数字电视、电子书阅读器等终端，为普通公众、特殊群体（残疾人、老年人、留守儿童等）及党政军读者提供线上线下联动的全方位、立体化、智能化的电子书服务。同时，引进电子书相关新技术，培养专业人才，研究制定电子书产业标准规范及绩效评估体系，为电子书产业的良性健康发展保驾护航。

第六章，公共图书馆电子书服务平台。本章通过研究电子书服务的业务流和数据流，并引进移动互联网和云计算等新技术，结合本书提出的电子书服务模式，设计了基于新媒体的图书馆电子书云服务平台。平台采用云架构，整合电子书服务相关的完整业务流程，包括电子书资源的采选、组织、发布和服务，实现数据资源和计算资源的优化管理和利用，为机构和个人提供电子书资源的发布和访问平台，实现地理上和物理上分布的异构电子书资源的统一检索和获取，实现资源的共建共享；支持多网融合、多屏合一的电子书服务，能够大大扩展电子书服务范围，提高电子书服务体验效果；平台引入自反馈机制，利用大数据技术对用户阅读行为进行分析，为电子书资源采选、组织发布和服务方式提供反馈，从而不断修正电子书服务各个环节，为电子书服务良性发展保驾护航；平台预留标准接口，建立相应标准规范，能够较为便捷地与电子书产业链其他角色及平台对接，从而形成与出版商、电商及作者分工合作、优势互补、互利共赢的市场化、商业化的经营模式，推动图书馆电子书产业的发展。

第七章，公共图书馆电子书版权授权研究。本章列举了公共图书馆电子书版权授权面临的种种问题，梳理了电子书著作权的授权流程、模式，总结了各国电子书版权保护的经验与启示，并在现有版权政策环境下，提出图书馆电子书版权授权对策建议，最大限度地获取电子书版权授权，丰富图书馆电子书馆藏资源，减少服务限制。

第八章，总结和展望。本章对图书馆电子书服务进行预测性研究，为图书馆电子书服务可持续发展及发挥图书馆在公共文化服务体系建设中的作用提出建议。

各章主笔具体如下：第一章由季士妍、刘金哲主笔；第二章由谢强、牛现云、魏达贤主笔；第三章由刘术华、郭丽霞主笔；第四章由童忠勇、郭丽霞、刘术华主笔；第五章由谢强、刘术华、牛现云主笔；第六章由童忠勇、刘金哲、魏达贤、郭丽霞主笔；第七章由方志达、李华伟主笔；第八章由谢强、季士妍主笔。全书由刘术华、郭丽霞、牛现云负责统稿和修改。

本书的撰写出版得到了各级领导、有关专家、图书馆界同人的大力支持和帮助，尤其是在面向全国公共图书馆进行问卷调研的过程中，各调研馆同人给予了积极且充分的反馈，在此表示衷心感谢。

由于社会不断发展变化，新技术和新设备也将更加广泛地应用到电子书领域。本书虽然力求资料翔实、数据准确，但是疏漏之处在所难免，敬请广大读者批评指正。

谢　强
2023 年 7 月于北京

第一章　电子书概述

第一节　电子书的定义及发展

一、电子书的定义

尽管在电子书发展史上，"古登堡计划"图书、CD-ROM 封装书等都被称为电子书，但"电子书"一词的普遍使用则始于 1998 年第一款专用电子书阅读器 Rocket eBook 和 Soft Book 发布之后。美国国家标准和技术协会 1998 年在马里兰州盖士堡举办第一届国际电子书研讨会，讨论并制定了电子书设备标准及电子出版物格式标准，一年后出台了电子书出版物的相关标准[①]。同时，学术界也出现了大量研究电子书的文章，这些文章对于电子书的定义主要从终端和内容两个角度进行了描述[②]。

1.基于终端的定义

电子书阅读器作为新的阅读终端出现后，也被称作电子书（电纸书），很长一段时间，电子书成了电子书阅读器的代名词，电子书的定义也更多的是基于电子书阅读器的特征进行描述。

例如，学者 Morgan 认为电子书不同于电子文本（E-Text），电子书是专为阅读电子数据而设计的便携式设备，是软件和硬件的结合体[③]。Borchers 描述"电子书是一种便携式的硬件和软件系统（结合体），能向用户呈现大量

---

① 电子书发展历程一览[J].科技创业,2011(5):80–81.

② 安小兰.电子书概念辨析及其意义[J].出版发行研究,2012(12):52–55.

③ LEASE M E.Electronic books and related technologies[J]. Computers in Libraries,1999(10): 19.

可阅读的文本信息，同时用户还可对其进行浏览"①。Stephen Sottong 在 "The Elusive E-book" 一文中讲道，所谓的电子阅读就是通过一种可便携移动的，类似 Sony Reader 或者 Amazon Kindle 的专门的电子书阅读器进行阅读的活动。通过具有阅读功能的 PDA、手机等电子设备进行的阅读活动也属于电子书的研究范畴②。

这些定义都强调了电子书的硬件属性，以及"专用于阅读""便携"等特征。将电子书阅读器等同于电子书，在亚马逊 Kindle 成功上市之后获得更大范围的认同，至今还有很大的影响。新闻出版总署于 2010 年 10 月下发的《新闻出版总署关于发展电子书产业的意见》（新出政发〔2010〕9 号）中明确指出："电子书是指将文字、图片、声音、影像等信息内容数字化的出版物，本意见具体所指的是植入或下载数字化文字、图片、声音、影像等信息内容的集存储介质和显示终端于一体的手持阅读器。"③

2. 基于内容的定义

与上述观点不同，一些学者认为电子书的首要属性是"书"，需要对电子书的内容属性与显示这些内容的设备属性进行区分。"电子书是将书籍的内容以电子形式提供读者阅读。"④

韦氏词典对电子书的解释是："电子书就是在电脑屏幕或手持设备上显现的数字形式的书。"⑤英国的 Chris Armstrong 认为"电子书是指电子文本，但不包括电子期刊出版物，通过电子化手段获得，可以在任何有屏幕的设备（手持或桌面）上进行参考和阅读。"⑥北京大学教授谢新洲在《电子出版技术》一书中定义电子书为："电子图书是将文字、声音和图像等信息以数字代码方式存在在磁、光、电等介质上，通过计算机或类似功能的阅读设备阅读使用的新型

① Electronic books:definition，genres，interaction design patterns[EB/OL]. [2022-04-24]. https://www.docin.com/p-782061003.html.

② 李冰茹.中外电子书发展现状及对策研究[D].武汉：华中师范大学,2013.

③ 新闻出版总署关于发展电子书产业的意见[EB/OL]. [2019-06-18]. https://www.gov.cn/gengbao/content/2011/content_1808615.htm.

④ Hawkins D T. Electronic Books:A Major Publishing Revolution[J].Online,2000（4）:14-28.

⑤ E-book[EB/OL]. [2019-06-18]. http://www.merriam-webster.com/dictionary/ebook.

⑥ ARMSTRONG C，EDWARDS L，LONSDALE R .Virtually there? E-books in UK academic libraries[J].Program:electronic library and information systems,2002（4）:216-227.

信息媒体。"①2004 年，国际联机计算机图书馆中心（OCLC）发布的报告指出："内容消费者越来越不关心信息从何而来、以何种格式呈现，而是更加关注内容本身，因此内容而不是载体才是电子书的最重要的特征。"②

越来越多的人认识到内容才是电子书的本质特点，从内容角度来定义电子书逐渐成为共识。一般来说，今天的电子书具备三个要素：内容，是以数字化状态的一定格式制作而成，可以数字化状态传播的图书；阅读设备，包括计算机、平板电脑、电子书阅读器、手机等；阅读软件，如 Adobe Acrobat Reader、iBook、iReader 等。

百道网的创始人程三国先生在十多年前提出，电子书可以分为 1.0、2.0、3.0等三种形态。他认为电子书 1.0，即传统印刷图书对应的电子版；电子书 2.0是指从生产到发布都是数字化的电子读物，也就是原生的电子书；电子书 3.0不仅包含文字、图表等数字化资源，还集成了声音、视频、动画等多媒体数字资源，也叫作增强型电子书（enhanced e-book）③。

可以看出，内容与"设备"是界定电子书的两个重要方面。内容建设方面包括印刷图书的数字化、数字出版、网络原生图书等；设备方面包括电子书阅读器、计算机内置的电子书专有阅读软件及计算机文本阅读器（Word、记事本）等。由于电子书不同发展阶段曾出现过不同形式的"电子书"，因此也未形成统一的定义。

2013 年，国家新闻出版广电总局发布制定的行业标准《电子书内容术语》（CY/T 96—2013）中定义电子书为"通过相关设备直接呈现文字、图像、音频、视频等内容的数字出版产品，包括电子图书、电子期刊和电子报等。"④ 这个定义是基于内容的电子书的定义。鉴于我国目前还没有关于电子书的国家标准，因此这个定义作为行业标准中的术语，具有一定的权威性。但对比我国电子书应用的实际情况，这个术语还不能准确描述电子书应用的特点。

---

① 谢新洲.电子出版技术［M］.北京：北京大学出版社，2006：33.

② 2004 Information Format Trends：Content，Not Containers［EB/OL］.［2024-08-19］. https：//www.oclc.org/content/dam/oclc/reports/2004infotrends_content.pdf.

③ 杨佳，赵亮.从电子书到电子纸——由 Kindle 退出中国市场说起［J］.竞争情报，2022（4）：2-10.

④ 国家新闻出版广电总局.电子书内容术语：CY/T 96—2013［S］.北京：中国标准出版社，2014.

以我国公共图书馆电子书应用为例，目前我国公共图书馆的电子书主要包括印刷文献的数字化产品、网络原生的电子书（以网络文学为主）、直接以数字出版形态存在的电子图书、多媒体图书及来源于图书的有声读物，有的图书馆将提供电子书阅读器服务也称为电子书服务。电子书的来源包括自主加工建设、合作建设和商业采购。而电子连续性出版物（电子期刊）、电子报纸、音乐和讲座等音视频资源服务一般不被认为是电子书服务。

因此，综合电子书的发展历程和我国电子书应用的实际情况，本书在参考各种电子书的定义后，将电子书界定为：以文本、图像、音频、视频等数字化形态存在，通过磁、光、电和网络等信息化媒介传播，利用计算机、移动终端和可穿戴设备呈现的图书。电子书包括数字化图书、数字化的有声读物、多媒体图书、网络原生图书、数字出版图书等。电子书阅读器是电子书的呈现手段之一。单册的电子期刊可参照电子图书，但其作为连续性出版物整体时，其管理方式与电子图书不同。电子报纸亦如此。

二、电子书的发展

电子书随着计算机、数字化和网络化等技术的发展而发展，先后出现了图书数字化、电子书阅读器、数字出版等。进入 21 世纪以来，电子书成为出版界、图书馆界备受关注的热点之一。

1967 年，Andries van Dam 和来自布朗大学的一个团队共同开发了超链接编辑系统，可以将文本信息存储于电脑上并供检索[1]。一般认为这是电子书（electronic book，e-book）的雏形。

1971 年，MichaelHart 数字化了《独立宣言》，使其成为世界上第一本电子书，启动了"古登堡计划"（Gutenberg Project）[2]。"古登堡计划"采用分布式建设模式，由来自世界各地的志愿者数字化图书上传至网站。经过多年的发展，"古登堡计划"已经成为全球最具影响力的免费电子书网站之一。1985 年，航海者公司（The Voyager Company）生产了 CD-ROM 封装书，称为 Expanded Books，包括《侏罗纪公园》《虚拟光》等著作[2]。这些封装的电子书仍然是印刷版图书的数字化形式。

---

① 电子书发展历程一览[J].科技创业,2011（5）:80-81.

1987 年 10 月，世界上第一本电子书《下午》（*Afternoon*）出版。1993 年，世界上第一个数字图书出版商——目录字节公司（Biblio Bytes）由格伦（Glenn Hauman）创办。2000 年，美国著名恐怖小说家斯蒂芬·金（Stephen King）出版了网络小说《骑弹飞行》（*Riding the Bullet*）[①]。小说只以电子图书形式出版，不发行印刷图书，出版后 24 小时内，小说共被下载 40 万次，斯蒂芬·金因此也成为首位尝试数字出版并大获成功的美国主流作家。两年后，全球最大图书出版商兰登书屋（Random House）和哈珀·柯林斯（Harper Collins）开始出售其出版物的电子版。数字出版开始风起云涌，成为 20 世纪出版界的热门话题。

20 世纪 90 年代电子书阅读器开始出现。1990 年，索尼公司推出支持专有格式音频和文件数据的设备——Sony Discman。1998 年 Nuvo Media 公司推出火箭书（Rocketbook），这种设备模拟传统书籍的大小、形状及功能，专为阅读而设计，当时人们认为其有可能代替印刷书，因此称之为电子书，它标志着电子书阅读器的正式诞生[②]。2006 年，索尼公司发布了应用 E-ink 技术的电子书阅读器，并开设了自己的电子书商店。2007 年、2008 年亚马逊（Amazon）公司分别发布 Kindle 和 Kindle2，而且在其电子书商店（Kindle Store）中上架 9 万多本电子书供用户选择。在我国，2007 年左右，汉王、翰林、书生等一批电子书阅读器占领电子书市场，其因较高的性价比，深受国内用户喜欢。自此，电子书阅读器风靡全球。

此后，2010 年，苹果公司在 iPad 中内置了 iBooks 电子书阅读应用程序，可以访问 iBook Store 中的图书，或者由用户自己导入符合格式要求的图书。尽管 iPad 大小和形状与 Kindle 相似，但其功能定位是一部计算机，因此它并不属于电子书阅读器的范畴。同年，谷歌公司的 eBookstore 发布，宣布拥有近 300 万册电子书。电子书发展到移动阅读的新阶段。

苹果等智能移动终端的快速普及，为各类电子书阅读 App 奠定了基础。我国电子书阅读 App 如雨后春笋般涌现，迅速占领了电子书市场。掌阅科技股份有限公司成立于 2008 年 9 月，是全球领先的数字阅读平台之一，与国内

[①] 李响.步入移动阅读时代——试论电子书发展趋势问题[D].北京:北京师范大学,2005.

[②] 李冰茹.中外电子书发展现状及对策研究[D].武汉:华中师范大学,2013.

外近 600 家优质的版权方合作，引进高质量的图书数字版权 50 万余册，年发行图书 15 亿册，书籍日更新 1 亿字，为全球 150 多个国家和地区的数亿多用户提供高品质的图书内容和智能化的用户体验[①]。同时，还有在安卓平台表现优秀的硬件设备——iReader 电子书阅读器。

2010 年 5 月，中国移动手机阅读基地正式推出手机阅读业务。2011 年，新闻出版总署与中国移动签署了《共同推进数字出版产业发展战略合作备忘录》，进一步实现了数字出版与国家政策平台的对接。2013 年 12 月，中国移动发布商业主品牌"和"，手机阅读业务更名为和阅读。2015 年 4 月，中国移动手机阅读基地正式挂牌转型成为咪咕数字传媒有限公司。2015 年 10 月，"和阅读"正式更名为"咪咕阅读"，这是一款集阅读、互动等多种功能于一体的阅读器手机软件。咪咕阅读汇聚合作伙伴超千家，优质内容 50 万余册。

塔读文学于 2010 年 7 月 12 日正式上线，是中国主流的数字版权创作、聚合和分发平台之一。塔读开展全平台运营，电脑读书（www.tadu.com）、手机读书（wap.tadu.com）、客户端应用（Android、iOS、WP7、Symbian），是国内最受手机阅读用户喜爱的电子书阅读服务商之一。2015 年，塔读文学与阿里文学合作，针对作者和作品进行个性化运营，塔读文学高品质的原创版权内容是其重要特色，平台自有的两千余名网络作家创作的作品，从题材到内容再到品质，均有不错的口碑，在移动阅读及原创文学领域均有着独特超然的地位。

2013 年 9 月 10 日，腾讯在北京召开腾讯文学战略发布会，以"文学新生态，成长大未来"作为发布会主题，推出了全新业务体系和"全文学"发展战略，涵盖"创世中文网""云起书院"等以不同性别为主的两大内容垂直网站和原创源头，以及 QQ 阅读、QQ 阅读中心等子品牌，"QQ 书城"等产品渠道，形成品牌矩阵，自此 QQ 阅读开始进入大众视线。QQ 阅读每周都有新增图书，截至 2020 年 12 月，QQ 阅读 App 汇集海量网络文学作品及传统出版物电子书达 1220 万部。

2011 年，多看阅读 Android 版本上线，后被小米收购，因打造"精品阅

---

① 掌阅科技股份有限公司［EB/OL］.［2023-11-08］. https://topics.gmw.cn/2017-09/04/content_31798791.htm.

读"体验而广受阅读爱好者好评。多看阅读集电子书书城、电子书阅读、电子书分享评论于一体，主要支持 iOS 系统、Android 系统、Kindle 电子书阅览器等移动终端。同时，2020 年底，小米还推出了多看电纸书。

2015 年，腾讯推出微信读书，它是基于微信关系链的官方阅读应用，同时支持 iOS 和 Android 两大终端平台。与市场上其他移动阅读 App 不同，微信读书充分利用微信朋友圈的强大资源，走差异化路线，将"阅读＋社交"巧妙结合，迅速吸引用户眼球。2017 年开始用户大量增长，同年接入网络小说，2019 年爆发式增长，用户日活跃量过亿，上面很多网络小说的热度也非常高。

第二节　电子书区别于传统图书的特征

电子书是数字化、网络化时代信息技术发展的产物，有其不同于传统图书的显著特点。谢新洲的《电子出版技术》①、李响的《步入移动阅读时代——试论电子书发展趋势问题》②、李冰茹的《中外电子书发展现状及对策研究》③、郭自宽的《电子书对图书馆的影响与挑战研究》④、黄丰的《网络环境下的电子图书及其特点》⑤、梅丽的《电子图书特征及相关人才培育对策》⑥等文献都对电子书的特点进行了分析。结合电子书最新发展情况，本书认为电子书主要具有以下特点。

一、多媒体化

电子书具有介质与内容分离的特征，能够进行检索、复制、再编辑等；电

---

① 谢新洲.电子出版技术[M].北京:北京大学出版社,2006:41-42.
② 李响.步入移动阅读时代——试论电子书发展趋势问题[D].北京:北京师范大学,2005.
③ 李冰茹.中外电子书发展现状及对策研究[D].武汉:华中师范大学,2013.
④ 郭自宽.电子书对图书馆的影响与挑战研究[D].南宁:广西民族大学,2011.
⑤ 黄丰.网络环境下的电子图书及其特点[J].情报探索,2005(3):25-27.
⑥ 梅丽.电子图书特征及相关人才培育对策[J].中共福建省委党校学报,2010(7):94-96.

子书内容可以以多媒体形态呈现而不必局限于单一的文本形态[①]。近年来，电子书的形式越来越多样化、多媒体化。电子书除展现纸质书上的文字、图片内容，保持纸质书的原版原式以外，还在图书中增加了音频、视频、链接等多种形式。一些儿童类的电子书，还配有视频、动画、音乐等多媒体内容，提高了儿童的阅读乐趣。一些定位为"听书"的电子书，配以朗读、音乐等，让读者在获取图书内容的同时享受到阅读乐趣，同时也为视力障碍读者提供了方便。

二、传播快速

通过数字出版的电子书和网络原生的电子书，其生产比传统印刷图书更加快速。一些电子书是从作者直接到达读者的，减少了中间环节，便于作者呈现自己的作品，将更多的图书推向读者，让读者可以获取到更多的作品。电子书以数字化形态存在，存储在磁、光、电设备中，通过存储介质的迁移或者网络进行传播，传播比传统印刷图书更快捷，传播途径也更丰富，方便了读者阅读。生产和传播速度的提高、传播途径的增加，也使得电子书的内容更加不易控制，存在内容质量和版权保护的潜在风险。

三、阅读方便

电子书及其阅读器占用空间小、存储容量大，方便存储和携带；通过网络传输，消除了读者的空间、地域限制。电子书可以提供简单、快速、准确的检索功能，方便读者定位到自己想要看的内容。随着电子书技术的发展，可以支持电子书阅读的终端越来越丰富，计算机、平板电脑、电子书阅读器等均可阅读电子书。多种阅读方式，给了读者自由选择的便利，也促进了读者更加深入图书内容。

四、发展迅速

21 世纪以来，随着信息技术的快速发展，人们对信息的获取习惯和需求都发生了根本性的变化，这都推动着电子书快速发展。电子书的格式、技术、内容、阅读终端都在不断地发展变化。可以预见，未来信息技术还将快速发

---

① 李响.步入移动阅读时代——试论电子书发展趋势问题[D].北京:北京师范大学,2005.

展，新的硬件设备、数据技术仍会不断涌现，电子书相关技术也必将随之发展。发展迅速是电子书的特点之一，也为电子书的研究和应用带来了诸多的不确定性。

第三节　不同维度的电子书分类

如同电子书的定义一样，在电子书的发展历程中并没有一个公认的电子书分类标准。北京大学教授谢新洲在《电子出版技术》一书中将电子图书分为单机型电子图书和网络型电子图书。单机型电子图书的载体主要为磁盘、光盘，根据电子图书的内容特征和信息提供方式，单机型电子图书可分为文本型、静态图像型、动态图像型、声音型和多媒体图书。网络型电子图书载体主要是计算机硬盘，其形式主要为网页或直接以某种形式存储在联网的服务器上[1]。这种分类方式主要是从电子图书的存储状态来划分的。国家图书馆陈力在《电子书的类型与评估》一文中根据文献来源、特点和性质将电子书分为商业性电子书、"开放存取"类电子书、互联网读书网站上的电子书和图书馆等公益性机构制作的电子书[2]。其中商业性电子书主要是数字资源提供商制作的中外古籍或者已经获得版权许可的现代纸本图书的电子版；"开放存取"类电子书通常是指由学术机构、非营利性组织或作者本人通过开放获取政策发布的电子书，这类电子书可以在互联网上自由地获取和分享。互联网读书网站上的电子书则以原创性的文学作品为主；图书馆等公益性机构制作的电子书则以各图书馆特色文献的数字化为主。

上述两种分类方式具有一定的影响力，但同时也存在一定的局限性。事实上，电子书的数字化属性使其存储状态并不是固定不变的，所以单机型电子图书和网络型电子图书并没有清晰的界限。同样地，随着电子书的发展，电子书的来源也在发生着变化；视角不同，电子书的来源也不相同。本书根据当前电子书应用的现状，尝试从电子书生产方式和电子书来源角度对电子书进行

---

[1]　谢新洲.电子出版技术[M].北京:北京大学出版社,2006:34-35.
[2]　陈力.电子书的类型与评估[J].国家图书馆学刊,2008(2):51-55.

分类。

一、按电子书生产方式分类

按电子书生产方式可以将电子书分为原生型电子书、加工型电子书。

1. 原生型电子书

原生型电子书是指初始状态就是以数字化形式存在的电子书，包括数字出版产生的电子书、网络上创作的电子书。原生型电子书不一定有相应的印刷图书，或者先于印刷图书出现；原生型电子书一般具有较清晰的版权状态，便于进行版权授权；原生型电子书可进行版式的再编辑，便于生成不同格式的电子书、应用于不同电子书阅读终端。

2. 加工型电子书

加工型电子书是指对印刷图书进行数字化而得到的电子书，包括对印刷图书扫描、拍照或 OCR（Optical Character Recognition，光学字符识别）后得到的电子书，也包括对电子书进行格式转换、再编辑的"二次电子书"，以及由出版社提供、用于数字阅读的印刷图书电子版文件。加工型电子书在应用中往往需要进一步明确版权授权状态；有的加工型电子书的格式仅仅是图片，版式再编辑和格式转换比较困难，阅读终端受限。

二、按电子书来源分类

从图书馆的视角，按照电子书来源可将电子书分为自主建设电子书、引进建设电子书和合作建设电子书三种类型。

1. 自主建设电子书

自主建设电子书是指图书馆对馆藏印刷文献进行数字化加工，或者在版权授权允许的情况下，对已有电子书进行再加工而得到的电子书。目前，我国大部分公共图书馆都开展了馆藏数字化工作，积累了较多的电子书，但服务中还面临版权授权不清晰的问题。

2. 引进建设电子书

引进建设电子书主要包括采购商业电子书数据库、采购或受赠其他机构加工的电子书、获取开放存取的电子书及获取版权授权的电子书。引进建设电子书一般具有比较清晰的版权授权，但服务方式往往受限于引进电子书原有的服务方式。

3. 合作建设电子书

合作建设电子书是指图书馆与其他机构或个人共同开展电子书加工或共享电子书服务。合作建设电子书在版权授权上一般是与合作建设机构共同拥有，服务方式也比较灵活。

第四节　五花八门的电子书格式

电子书格式在电子书内容的存放、传输、显示、使用和版权维护中被广泛应用，是一种特别的信息编码和接口规范[①]。在电子书格式发展的历史上，由于数字处理和排版系统的技术在不断发展变化，以及相关企业需要维护自身商业利益与内容资源，电子书的格式及软硬件阅读设备在标准上并不统一。电子书格式一直处于以 Kindle 等各电子书阅读器的专用格式为代表的封闭式格式和以 PDF、EPUB 等格式为代表的开放式格式的博弈之中。据不完全统计，目前电子书的格式有数十种，包括 EXE、PDF、CHM、BRM、PDB、TXT、UMD、JAR、AZW、EPUB 等[②]。其中，CHM、TXT、UMD、JAR 等格式的应用与文字处理环境、阅读器（手机）操作系统支持等紧密关联，具有一定的时代特点。目前主要使用的电子书格式包括 PDF、EPUB 及 Kindle 等电子书阅读器专有格式，本书简要介绍这三种电子书格式。

一、PDF 格式

传统计算机阅读时代，电子书格式包括 EXE、PDF、CHM、TXT、WORD 等，其中 PDF 格式一直是国内外应用最广泛的电子文档格式。PDF（Portable Document Format）是由 Adobe 公司在 1993 年提出的用于文件交换的文件格式，2007 年成为 ISO 32000 国际标准，是一个开放标准。

作为一种面向印刷流程的电子书格式，PDF 文件因能够比较真实地反映

---

① 华蒙.电子书格式发展探究[J].中国教育信息化,2013(11):9-11.

② 李云.电子书格式标准化问题刍论[J].河南图书馆学刊,2011(6):5-6,9.

原文档的格式、字体、版式和图片等要素，获得众多出版商的认可[1]。在阅读软件方面，PDF 获得广泛支持，各主要浏览器都有 PDF 插件，可以直接使用浏览器打开 PDF 文件，方便提供 PDF 文档阅览。

然而，随着跨媒体阅读的兴起，特别是智能移动终端成为电子书阅读的主要工具，PDF 格式逐渐显现出一些不适应的特点。一方面，PDF 格式专门针对标准纸张打印设计，无法自动调整版式以适应各种智能移动终端的不同尺寸屏幕；另一方面，PDF 格式缺少文档逻辑结构信息，无法方便地实现图文分置等数据解析。尽管 PDF 格式在计算机中仍然是一种主流文档格式，也有开发者在努力尝试以流式排版的方式使 PDF 文件可以在各种智能移动终端中方便使用，但目前看来其在移动阅读领域的份额仍然较小。

二、EPUB 格式

EPUB（Electronic Publication）是由国际数字出版论坛（International Digital Publishing Forum，IDPF）在电子书行业推行开放格式的电子书标准，是一种可以"自动重新编排"的开放标准，文字内容可以根据阅读设备的特性调整到最佳的屏幕显示效果。EPUB 内部使用了 XHTML（eXtensible Hyper Text Markup Language，可扩展超文本标记语言）或 DTBook〔一种由 DAISY Consortium 提出的 XML（Extensible Markup Language，可扩展标记语言）标准〕来展现文字，并以 ZIP 压缩格式来包裹档案内容[2]。EPUB 文件可以相对容易地转换成其他终端格式，并可支持数字权利管理。

EPUB 格式包括三个组成部分[3]。

1. 开放版式结构规范

开放版式结构（Open Publication Structure，OPS）规范遵循 XML 和 XHTML 规范，定义电子书内容的版面呈现，包括文字字体、字形、书写方向等特征，以实现跨平台阅读。该规范主要目的是提供一个制作电子书内容的标准，使得不同品牌的电子书阅读器能够显示不同电子书内容提供商所制作的电

① 郑滢瑜,丛挺,缪婕.电子书格式标准研究[J].出版科学,2010,18（4）:90-93.

② 常蕊.基于EPUB3.0的语文电子教科书阅读软件的研发[D].长春:东北师范大学,2013.

③ 施勇勤,须海茵.EPUB3电子书格式标准的启示[J].出版发行研究,2012（3）:49-52.

子书。

2. 开放封装格式规范

开放封装格式（Open Packaging Format，OPF）规范以 XML 为基础定义 EPUB 的文档结构和目录结构，用以描述电子书中各单元内容的关联性，以及如何将满足 OPS 标准的多个电子书单元内容封装成一本电子书。

3. 开放压缩格式规范

开放压缩格式（Open Container Format，OCF）规范制定了 EPUB 电子书压缩规则，把 OPS、OPF 文档最终压缩成一个 ZIP 格式的 .epub 文件。

2011 年 5 月 IDPF 正式确定了 EPUB3.0 标准。EPUB3.0 的内容描述基于 HTML5，支持 CSS3，支持多媒体格式，在电子书中可以嵌入音视频内容；支持 DAISY 有声书标准，能够为盲人提供听书服务。

EPUB3.0 的上述新特性引领电子书的设计、生产、传播和使用走向，得到了索尼、谷歌、苹果等大型公司的认可与支持。EPUB 格式逐步在国际上实现广泛的应用和推广，业已成为国际电子书格式的通行标准。

三、电子书阅读器专有格式

国内外电子书阅读器制造厂商为了使自己的产品具有良好的体验，也为了保护自己的内容版权，一般都使用自己的专有电子书格式，其中最著名的是亚马逊公司 Kindle 阅读器 AZW 系列电子书格式。

AZW 系列格式的前身是 mobi 格式。mobi 格式是一种二进制格式，它是 IDPF 制定的开放电子书出版格式的一种扩展性实现。mobi 格式采用流式排版，支持大部分标准的 HTML（Hyper Text Markup Language，超文本标记语言）格式和布局功能，以及文字和图像[1]。AZW 格式是在 mobi 格式基础上的扩展。2011 年亚马逊公司推出 Kindle Fire 时一起推出了 AZW3（KF8）格式。AZW3 支持 HTML5 和 CSS3，弥补了 mobi 和 AZW 格式在内容排版上的缺陷。AZW3 正逐渐取代 mobi 成为 Kindle 电子书的主流格式[2]。

---

[1]　韩超 . 基于 E-ink 的电子阅读器的设计与实现 [D]. 北京 : 北京邮电大学，2011.

[2]　一文教你看懂 mobi、azw3、epub 格式电子书的区别 [EB/OL].［2019-06-18］. http://www.360doc.com/content/18/0828/18/7872436_781919924.shtml#google_vignette.

AZW 系列格式的主要推手是亚马逊公司，依托 Kindle 强大的平台、庞大的内容资源与用户资源，以及 Kindle 的流行普及，AZW 系列格式一直存在并不断发展，并获得了非常高的市场占有率。亚马逊公司一直希望能够打败竞争对手和图书馆普遍采用的 EPUB 格式，将 AZW 系列格式推为电子书格式的行业标准，并统领整个电子书产业链上下游。但目前看来，EPUB 格式距离电子书格式的行业标准更近一些。

与 AZW 系列格式相类似的是，国内电子书内容提供商与电子书阅读器制造企业纷纷推出自己的电子书专用格式。例如，北大方正电子公司早期在计算机阅读上推出了 CEB（Chinese E-paper Basic）格式，随后面向电子阅读移动终端研发了 XEB 格式，最近又推出一种独立于软件、硬件、操作系统、打印设备的 CEBX（Common e-Document of Blending XML，基于混合 XML 的公共电子文档）文档格式规范。但与 AZW 一样，这些格式都还仅仅是各自厂商的专用格式，并未在市场上形成规模。越来越多的阅读器和移动阅读应用程序选择支持 EPUB 开放格式。

第五节　国内外电子书标准研究

电子书标准是以获得最佳的秩序为目的，针对电子书的创作、加工、生产、分发、流通、销售、管理和使用等工作，以及电子书产品和电子书市场领域，规定的共同的和重复使用的规则、导则。按标准化的对象，通常把标准分为技术标准、管理标准和工作标准三大类[1]。按标准的形成路径来看，通常有两种：一种是专门为电子书制定的标准；另一种是引用或参照更高一级标准体系中的标准，如信息技术相关标准、数字版权管理标准、出版行业相关标准等[2]。专门为电子书制定的标准主要集中在电子书的格式管理、内容管理等方面，国内外已经开展了相关研究，并取得了一定的成果。

① 施勇勤,须海茵.EPUB3电子书格式标准的启示［J］.出版发行研究,2012（3）:49-52.
② 华夏.数字出版标准建设发展研究[D].北京:北京印刷学院,2014.

一、国外电子书标准建设进展

国外电子书标准的建设与利用以美国最具有代表性。作为世界信息强国，美国牵头制定并使用了诸多出版信息标准，包括 DOI（Digital Object Unique Identifier，数字对象唯一标识符）标准、ONIX（Online Information Exchange，在线信息交换）标准、EDI（Electronic Data Interchange，电子数据交换）标准等。为了适应新的变化，美国还修订了 EDI 标准，使其支持 XML 文档格式，适应网络应用；制定了全球信息通信工业标准 ACAP（Automated Content Access Protocol，内容自动获取协议）。此外，在电子书领域，美国颁布了国家层面的《数据词典——数字静态图像的技术元数据》（*Data Dictionory-Technical Metadata for Digital Still Images*，NISO Z39-87—2006）、《数字对象标识结构》等标准，专门用于规范电子图书结构和内容；2002 年，美国出版商协会（Association of American Publishers，AAP）颁布了《开放式电子图书标准方案》（*Open eBook Standard Project*），方案中强调了数字对象标识符（Digital Object Identifier，DOI）、国际标准书号（International Standard Book Number，ISBN）及从现有数字对象创建电子书的作用[1]。同时，IDPF 及其前身 OeBF（Open eBook Forum，开放电子书论坛），也是一个重要的制定电子图书标准的组织[2]。

1. 开放电子书论坛

美国 1998 年成立的开放电子书论坛是由 IT 界、图书馆、出版机构和图书销售公司等共同发起的电子图书标准制定组织。1999 年底，OeBF 发布了开放电子书框架结构 OeBPS1.0（Open eBook Publication Structure 1.0），用以规范电子图书的制作格式，为作者及出版商提供一个最简单、最通用的电子书出版格式标准[3]。2002 年 8 月发布了 OeBPS 1.2 版本。

2. 国际数字出版论坛

2005 年，开放电子书论坛更名为国际数字出版论坛。2006 年 10 月，

---

①　王芳.电子书标准化建设的目的、现状与对策探讨[J].情报科学,2011（6）:953-956.

②　王云芸.中美电子图书出版发展比较研究[D].北京:北京印刷学院,2012.

③　HAWKINS D T .Electronic books:a major publishing revolution. Part 1 general considerations and issues[J].Online,2000（4）:14-28.

IDPF 提出并通过电子书新标准——开放出版结构封装格式 OCF1.0（Open eBook Publication Structure Container Format 1.0）。2007 年 9 月，IDPF 通过并发布了电子书的 XML 标准——电子书开放出版架构 OPS2.0（Open Publication Structure 2.0）和开放封装格式 OPF2.0（Open Packaging Format 2.0）。OCF1.0 和 OPS2.0、OPF2.0 共同构成了 EPUB2.0[1]。2011 年 IDPF 发布了 EPUB3.0，成为电子书格式的事实标准。

二、我国电子书标准建设探索

我国政府和相关机构十分重视电子书相关标准的建设，经过近 20 年的发展，已经取得一定的成果。

1. 早期探索

从 1998 年起，我国在国家质量技术监督局等部门主持下开始电子书标准的制定工作。2002 年我国颁布施行两个国家标准:《开放式电子图书出版物结构》（GB/Z 18906—2002）、《电子图书阅读器通用规范》（GB/T 18787—2002）[2]。电子书行业也积极开展企业标准研制工作，方正阿帕比公司、北京书生电子技术有限公司及其他相关行业与部门也推出了若干技术标准，如方正阿帕比公司的电子书格式标准、北京书生电子技术有限公司的《非结构化操作置标语言（UOML）》技术标准等。

这些标准制定工作开展较早，之后未做更新修订，企业标准大多是封闭式标准，推广范围不大。因此，这些标准基本上已经不能适应现在电子书发展的需要。

2. 最新成果

2008 年以来，我国出版及文化界积极开展电子书相关标准的研究，经过多年的努力，取得了较好的效果，使我国电子书标准已经初步形成体系。其中最具代表性的是原国家新闻出版广电总局电子书系列行业标准和原文化部数字资源系列行业标准。

① 唐翔.EPUB电子书标准研究[J].出版科学,2013（2）:89-94.
② 王芳.电子书标准化建设的目的、现状与对策探讨[J].情报科学,2011（6）:953-956.

（1）原国家新闻出版广电总局电子书系列行业标准

2010 年 3 月，全国新闻出版标准化技术委员会组织一批国内率先开展电子书出版与内容服务业务的企业和从事电子书研究的高校成立了"电子书内容标准工作组"。该工作组设置 6 个标准制定专题组，并从电子书内容格式、元数据、版权保护、质量检测、服务平台等方面提出了 12 项标准草案。截至 2014 年 12 月，工作组完成了全部 12 项标准草案，至 2015 年初全部获准成为国家新闻出版广电总局的行业标准。标准详见表 1-1。

表 1-1　原国家新闻出版广电总局电子书行业标准

标准编号	标准名称	实施日期
CY/T 96 — 2013	电子书内容术语	2014-01-01
CY/T 97 — 2013	电子图书元数据	2014-01-01
CY/T 98 — 2013	电子书内容格式基本要求	2014-01-01
CY/T 99 — 2013	图书、报纸、期刊、音像电子出版物出版和发行统计	2013-11-20
CY/T 110 — 2015	电子图书标识	2015-01-29
CY/T 111 — 2015	电子图书质量基本要求	2015-01-29
CY/T 112 — 2015	电子图书版权记录	2015-01-29
CY/T 113 — 2015	电子图书阅读功能要求	2015-01-29
CY/T 114 — 2015	电子图书质量检测方法	2015-01-29
CY/T 115 — 2015	电子书内容版权保护通用规范	2015-01-29
CY/T 116 — 2015	电子书内容平台基本要求	2015-01-29
CY/T 117 — 2015	电子书内容平台服务基本功能	2015-01-29

（2）原文化部数字资源系列行业标准

2008 年以来，国家图书馆依托国家数字图书馆工程，以数字资源生命周期为主线制定了系列数字资源建设与服务标准规范，主要包含数字内容创建、数字内容描述、数字资源组织管理、数字资源服务、数字资源长期保存五个环节^①，如图1-1所示。其中16个标准规范被批准为原文化部行业标准或行业标准化指导性技术文件，对文化系统电子书建设、描述、保存与服务具有重要指导意义。原文化部数字资源系列行业标准如表1-2所示。

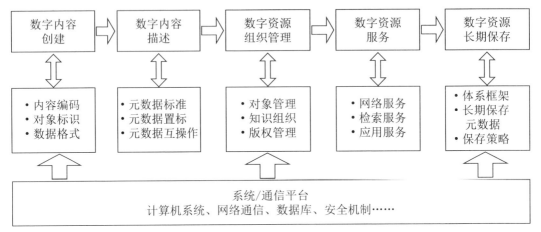

图1-1 基于数字资源生命周期的数字资源标准规范体系框架

表1-2 原文化部数字资源系列行业标准

标准编号	标准名称	实施日期
WH/T 45—2012	文本数据加工规范	2012-12-01
WH/T 46—2012	图像数据加工规范	2012-12-01
WH/T 47—2012	图书馆数字资源统计规范	2012-12-01
WH/T 48—2012	数字对象唯一标识符规范	2012-12-01
WH/T 49—2012	音频数据加工规范	2012-12-01
WH/T 50—2012	网络资源元数据规范	2012-12-01
WH/T 51—2012	图像元数据规范	2012-12-01
WH/T 52—2012	管理元数据规范	2012-12-01
WH/T 62—2014	音频资源元数据规范	2014-04-01
WH/T 63—2014	视频资源元数据规范	2014-04-01

① 赵悦,申晓娟.国家数字图书馆标准规范建设[J].数字图书馆论坛,2008(8):37-42.

标准编号	标准名称	实施日期
WH/T 64—2014	电子连续性资源元数据规范	2014-04-01
WH/T 65—2014	电子图书元数据规范	2014-04-01
WH/T 66—2014	古籍元数据规范	2014-04-01
WH/T 67—2014	期刊论文元数据规范	2014-04-01
WH/T 68—2014	学位论文元数据规范	2014-04-01
WH/Z 1—2012	图书馆数字资源长期保存元数据规范	2012-12-01

3. 小结

目前市场上电子书内容繁多、格式不统一，致使不同的电子书阅读服务系统之间相互不兼容，造成资源浪费、可重用性差。为了使电子书服务具有更广泛的适应性，实现不同格式的电子书在各个平台具有最大限度的可访问性和最优的呈现效果，图书馆界力求从电子书描述、格式、版权、平台到服务等各个层面加强电子书服务标准规范建设。

电子书描述层面的标准建设主要包括元数据描述规范，需要描述不同类型电子书必需的元数据字段，另外可以定义扩展字段使其具有可扩展性，适合不同图书馆的需求。目前关于电子书元数据的规范已经比较成熟，比如 DC 元数据标准、国家图书馆的"中文核心元数据规范"等，在图书馆电子书服务建设中，可以参考这些成熟的规范。本着易用、可扩展、互操作的原则制定适合电子书展示、检索等服务层级的电子书元数据描述标准规范，除了电子书元数据字段外，还应该对电子书元数据表示格式进行相关规定，目前在图书馆界常用的格式为 XML、MARC 和 Excel 等。

电子书格式是电子书服务的一个关键点。虽然近年来在出版界及相关技术领域的推动下，已经取得一些成果，但是还未形成令各方都满意的标准规范，各自还是拥有各自的阅读器及相应的电子书格式。常用的电子书格式包括 TXT、WORD、EPUB、PDF、CEBX、HTML 等，面对如此多的电子书格式，图书馆该如何选择、制定自己的格式，遵循开放格式还是兼容多种格式，开发专用还是兼容多种格式的电子书阅读器，对图书馆的电子书服务是一个挑战。

鉴于目前电子书格式已经比较成熟，图书馆另行制定新的格式标准已经不现实，图书馆应该转换角度，综合考虑各种格式，根据自身图书特点，选择适当的电子书格式标准规范，形成适合图书馆特色的电子书格式标准。电子书格式标准要以开放性、可操作性、广泛的适应性为原则，能够提升用户体验，较好地展示电子书内容。

电子书的版权保护是电子书能够提供服务的有力保障。在图书馆电子书服务过程中要遵循比较成熟的版权保护标准，如 DRM 等。同时要从政策层面、技术层面采取全方位的版权保护策略，确保图书馆的电子书服务长远、健康发展，保障出版社、图书馆、用户的合法权益。

电子书服务平台是向读者提供电子书服务的基本保障。该层面的规范主要是围绕电子书的发布与服务，提供的一些规范的、可操作的业务流程及基本功能，如用户认证流程、阅读流程等，并且对平台兼容的终端类型等进行相关规定。电子书服务平台还要注重开放性，提供标准接口，以便与第三方平台进行合作，并利用第三方接口如第三方分享接口、第三方书评接口等为本平台服务。

电子书服务层面主要是面向用户提供什么样的电子书服务，以方便用户阅读。以电子书为核心，包括电子书服务方式规范、电子书知识组织规范、电子书内容规范、电子书阅读器规范等一系列标准规范。电子书服务方式规范是提供下载、借阅还是离线阅读及以此为基础的一系列限定、行为规则等内容。电子书知识组织规范主要是规范电子书如何揭示给用户，如通过检索行为、电子书分类原则、电子书导航、电子书推荐等一系列揭示行为及围绕每种行为进行的规范性指导原则。电子书内容规范包括图书馆在提供电子书服务时应该如何选取电子书，以便更能体现图书馆的电子书服务特色。电子书阅读器规范主要在阅读层面进行规范，以便用户拥有良好的体验，包括阅读器的翻页功能、阅读器界面设计、目录跳转等阅读辅助功能的规范。

三、电子书格式标准未来展望

1. 未来封闭格式会集中在一个或少数企业手中 [①]

在电子书产业萌生之初，国内电子书阅读平台在格式研发上确实没有相互

---

① 黄文萱,王小芳.电子书格式竞争策略与标准形成[J].出版科学,2021（1）:73-78.

沟通、合作。格式标准的研发牵涉商业利益，因此各大平台研发自己的格式都有自己的商业目的。目前封闭格式得以发展，是因为有强大的内容提供商的支持，因此这些格式的电子书在市场中拥有一定的垄断势力。如 Mobi 格式与 CAJ 格式的背后有阅读器的支持。这种有利条件会在未来的发展中继续。另外，只要电子书阅读器还在继续生产，这些封闭格式就会一直存在下去，但可能会变得越来越小众，越来越集中。

2. 建立我国的开放电子书格式标准论坛，开展合作研发

现阶段我国电子书格式标准工作的参与者以技术类企业居多，如方正、超星等，电子书内容制造商参与甚少。而电子书收益分配的不均衡间接挫伤了电子书内容提供者的积极性。因此，可以借鉴国外经验，搭建可以让电子书出版商、电子书阅读平台和终端生产商沟通交流的平台，在协调各方利益的前提下共同确立技术标准，就像确立 EPUB 格式标准那样。这种相对松散的组织模式，既可打破各层组织刚性、僵化的局限，又能弥补市场机制多变的缺点，可为复杂的技术研发提供柔性、高效的资源配置途径。而实力雄厚的出版集团，应该以更积极的态度参与制定或确立电子书格式标准，以争取在未来电子书市场中的有利地位。

3. 借鉴开放格式优点，确立具有创新性的开放格式标准

无论是电子书阅读器还是电子书阅读平台，都必须有创新性的技术和创新性的功能、特色。技术创新是电子书行业取得话语权的重要保证。例如，EPUB3.0 开放格式有音视频播放、手写识别、动漫游戏等技术创新。随着时代的不断变迁，人们越来越追求创新、与众不同。电子书格式标准的制定也应该更关注用户的阅读体验，把更多技术研发精力投入到用户个性化定制阅读功能上，用创新真正提升自身竞争力。

4. 注重开放格式标准版权保护功能，提高安全性

电子书格式标准的良性发展依赖于有效的版权保护。电子书阅读器及平台开发专有格式的目的之一是防止盗版、防止非法复制。如果通用开放格式标准可以做到这一点，且大家都能够共同遵守，就会加快电子书开放格式标准化。否则就会出现"无论谁为电子书付费，其他人都可以免费阅读"的局面，导致电子书内容制造商越是采用通用开放格式、注重版权保护就越吃亏的恶性循环。而完善基于电子书格式的版权授权机制，是从正面破解版权保护困境的有

效措施之一。在格式标准的安全性方面，可以借鉴 PDF 格式标准，使用密码保护 PDF 格式的内容免受未经授权的查阅。这在一定程度上可以打消版权所有者和内容提供商的顾虑。

第六节　电子书的功能 [①]

电子书的评估主要涉及电子书的功能、价格等方面。就价格而言，目前我国商业性电子书的价格是比较便宜的，通常只是纸本图书的五分之一左右。对于图书馆来说，更为关注的是电子书的功能。电子书的功能大致可以分为基本功能和延伸功能。

一、电子书的基本功能

电子书的基本功能，包括发现机制、目录与检索功能、批注功能、使用方式（授权机制）、使用成本、长期存档等。电子书的基本功能将反映在用户利用电子书时最直接的感受上，人们通常会说某种电子书好用，某种电子书不好用，这个评价通常就是建立在与传统纸本图书的比较的基础上的。

发现机制，可以说是电子书最重要的基本功能之一，近年来才逐渐引起重视。以往人们在讨论电子书的功能、特点时，往往仅着眼于电子书本身的内容和技术手段，当涉及发现机制时，关注的多半是目录与检索功能。从电子书利用的实践来看，如何让用户知道到哪里去找所需的电子书是决定电子书利用率最重要的因素。例如，尽管国家图书馆提供了许多电子书服务，特别是其中有大量的特色馆藏，但很多用户并不知道国家图书馆有他们所需要的电子书服务，结果就使得大量的电子书"养在深闺人未识"。可以说，一种好的发现机制，其作用远远超过其他功能的作用。幸运的是，目前已经出现了一些好的发现机制，这使用户得以免却大海捞针式的搜索之苦。利用第三方的搜索系统特别是一些常用的搜索工具对用户来说是最为方便的一种方式。在中国，百度和 Google 学术搜索是人们最常用的网络搜索工具，目前已经有不少的国内

---

① 陈力.电子书的类型与评估[J].国家图书馆学刊,2008（2）:51-55.

外电子书、电子刊提供商，如万方、维普等，将其产品的目录开放给了百度和Google学术搜索，国家图书馆及其他一些拥有较多自有电子资源的机构也已经或者正在考虑通过这种方式向用户提供阅览服务。此外，还有一些数据提供商发布了自己的专用搜索工具，如"CNKI知识搜索"。这种方式的优点是可以提供比百度、Google更多的功能，但前提是这种专用搜索工具对用户具有足够的知名度和影响力，否则，用户不会想到去使用一个自己根本就不知道、不熟悉的搜索工具。

目录与检索功能主要解决查询与聚类的问题。对目录的全文检索，是一般的电子书和电子期刊都具有的基本功能，不必细说。由于电子书的数量较多，一些特别的检索方法如树形目录，虽然检索精确度不高，但能起到很好的聚类作用。目录与检索功能是用户在不知道具体文献而需要模糊查找时必然要用到的功能。这项功能，有些电子书数据库提供，有些则不提供。

批注功能实现主要有两种方式：一种是像迪志文化出版有限公司出版的《四库全书》那样，允许每个用户建立自己的批注，可以在使用电子文献时及时将自己的心得记录下来，非常方便，也有很好的隐私保护功能。但是，这种方式只能供用户自己使用，不能共享。另一种方式是亚马逊式的，它允许每一个用户针对某种电子文献发表自己的感想、评论并与其他用户共享，对其他用户有很好的推介作用，这对于提高电子资源的使用效率是非常有用的。当当网、卓越网也都采用了这种方式。其实，理想的方式是将二者结合起来。

使用方式特别是授权机制，是一个直接影响到用户能否方便使用电子资源的问题。在我国高校里，由于师生的居住和学习、研究场所都比较集中，图书馆通常采用IP控制的授权方式管理电子资源的访问用户。但对于像国家图书馆等用户居住分散、服务对象比较复杂的公共图书馆来说，IP控制方式是一种最不好的方式，因为在这种方式下，用户必须到图书馆才能使用电子资源，使得电子资源原本具有的方便性大打折扣。因此，我们需要电子资源提供商能够根据具体用户的需要，采取更为灵活的授权机制。

使用成本包括购买成本、更新维护成本等。一般而言，远程存取的使用成本较低，但用户查询速度与资源的长期存档都存在一些问题。

互联网上一般信息的平均寿命只有四十多天，虽然网上电子书的寿命要长一些，但其稳定性令人担忧；对于商业性的数据库甚至图书馆自己制作的电子书，正如许多研究文章提到的那样，也存在这样或那样的隐患。为了解决长期存档问题，图书馆通常会考虑建立本地镜像，对自己制作的电子书用光盘、磁盘或磁带进行保存。这虽然对长期存档有一定的帮助，但也意味着大量、持久的设备投入、人力投入，并且也不能从根本上解决长期存档的问题。比较理想的做法是像爱思唯尔（Elsevier）在英国国家图书馆、荷兰国家图书馆建立的那种国家存档机制。中国国家数字图书馆已有这方面的考虑，但要付诸实施，还有待人们特别是数据提供商认识的提高。因为，目前国内绝大多数数据提供商还没有充分认识到长期存档特别是委托第三方进行长期存档的重要性。

二、电子书的延伸功能

电子书的延伸功能，包括开放链接与系统整合、联机参考文献、联机引义和注释及中文电子书所特有的字符处理功能等。电子书的延伸功能主要是指由电子书数字化的特点而带来的新的功能。这些功能将远远超出传统的纸本图书，如果说传统纸本图书在阅览方面具有优势，那么，电子书的一些延伸功能正是弥补其不足、赢得更多用户的关键。

目前，我国常见的电子书在满足基本功能方面，应该说没有什么太大的问题，但在延伸功能方面则与国外的电子书和电子期刊有较大的差距，笔者认为其根本的原因在于观念而非技术。

目前，我国绝大多数制作出版的电子书都不提供开放链接的功能，因此也不能与其他相关的资源进行整合。我们认为，数字时代，图书馆人最重要的工作是挖掘信息与信息之间、资源与资源之间的内在联系，并将若干不同来源的资源进行有机整合，提供给用户进行研究，从而产生新的知识。这是图书馆与其他一般的数据提供商所不同的地方，也是数字时代图书馆的核心竞争力之一。基于此，我们希望采购的电子书在数据库结构上是开放的。以电子版《四库全书》为例，它所收录的文渊阁本只是现存《四库全书》的一种版本，还有一些《四库全书》版本如文津阁本、文溯阁本在不少文献上与文渊阁本互有异同，互有优劣，可以相互补充、相互参考。同时，一些非四库本可能在版本方面比四库本要好得多，不仅能够弥补文渊阁本的不足，修订文渊阁本的错误，还能提供超出文渊阁本之外的更多参考。因此，理想的《四库全书》数字资源库应该是开放的，它首先应该是能够同图书馆的馆藏管理系统进行整合，使用户在查阅某一种文献时，能够同时查到电子本，也能找到非电子化的传统纸本文献及其他相关的研究文献；其次，这个数字资源库能够与其他数字资源库进行整合，从而实现数字资源库之间的互通。如文渊阁本《四库全书》已经有了电子版，文津阁本《四库全书》不久也将推出电子版，这两种版本选目基本上是一样的，但文字内容之间的差异不小，如果能够实现两种版本的数字资源库之间的互联，对于研究者来说是有很大帮助的。

关于联机参考文献、联机引文和注释，重点在前两者。现在许多科学研究成果都有了电子版，但常常不会包含在同一个数字资源库里，因此联机参考文献、联机引文和注释的实现是非常重要的。在这方面，电子书与电子期刊的差距是相当大的。应该看到，近两年这种情况已有一定程度的好转，如超星、清华同方等都在继续使用自己专有格式的同时，推出了符合国际标准的 PDF 格式的电子书，清华同方还考虑到了在本公司内部不同产品之间的联机检索、联机参考文献等功能的实现。超星提供了由部分图书馆参与的网上咨询服务，方正电子书也实现了电子书与图书馆馆藏纸本图书的双向互查，万方资源库则在标准化方面较为出色。希望更多的电子书提供者能够更加迅速地走向国际化、标准化。

关于中文电子书的字符处理问题。目前这个问题随着 Unicode（统一码）字符集的扩展，已经不再是主要问题了。但在具体的处理中，仍有若干问题需要注意：忠实原貌与规范处理问题（以数字方志中遇到的问题为例，如残字、避讳）、关联检索与检索效率和准确率问题，等等。

第二章 电子书服务涉及的关键技术

第一节 生产及描述相关技术

一、文献数字化

文献数字化依然是当前电子书生产的重要手段之一，特别是对于图书馆等机构，大量电子书是通过馆藏文献数字化获得的。对文献的数字化，一般采取扫描、拍照的方式，特别是古文献资源，出于对文献保护的目的，一般采用拍照方式或者非接触扫描的方式进行数字化。此外，部分文献采用缩微胶卷的形式存放，需要利用缩微数字化设备对缩微文献进行数字化。

目前，印本文献的数字化一般采用 TIFF 格式和 PDF 格式，大部分是图片格式，需要进一步进行 OCR 才能得到文字。OCR（Optical Character Recognition），即光学字符识别，俗称文字识别，是指通过计算机技术及光学技术对印刷或书写的文字进行自动识别，达到认知的目的。OCR 是低成本实现文字高速自动录入的一项关键技术[1]。

文献数字化工作一般需要扫描仪、数码相机等硬件设备的支撑，同时也需要采集软件、加工处理软件（编码器）、识别软件、校对软件等软件系统的支持。对于大规模文献数字化工作，还需要专门的文献数字化系统，以实现对数字化全流程的调度和管理。

文献数字化流程如图 2-1 所示。

---

[1] 寇清华,郑巧红.文献数字化技术的特点及其发展趋势分析[J].微计算机信息,2012(5):109-110.

图 2-1 文献数字化流程

二、数字资源描述

电子书作为数字资源，需要进行充分描述、组织和揭示，才能够提供基于网络的服务。数字资源组织有三方面的制约因素：数字资源的属性特征、数字资源的应用环境和数字资源的应用目的[①]。元数据用以描述数字资源的属性特征，是数字资源组织的基本方法。

由开放电子图书论坛发起、由美国出版商协会（AAP）联合出版界、电子商务界及相关标准的专家们共同制定了电子图书元数据标准 OEBPS。OEBPS 的目的是统一电子图书的文件格式，让作者、出版商所生成的电子图书文档在所有的阅读器上都可以正确显示，是一种比较灵活的元数据标准[②]。我国电子书描述元数据中最常用的包括以 MARC（Machine-Readable Cataloging，机读编目格式）格式为基础的元数据组织法、以都柏林核心（Dublin Core，DC）元数据集标准为基础的元数据组织法和以其他形式的元数据为辅的元数据组织法。

机读编目格式标准，是用于描述存储、交换、控制和检索的一套机读书目数据标准，经过 50 多年的发展，其已具有严格的语义规则和完整的信息描述字段，能够精确、完整地描述信息资源，尤其是对检索点的选取能够确保其数据元素组成具有统一性[③]。以 MARC 记录格式为基础的元数据组织法是图书馆描述数字资源的常见方法之一。

① 数字资源组织的元数据方法 [EB/OL]. [2019-06-18]. http://eprints.rclis.org/10953/1/Metadata2005.pdf.

② 陈幼华,郑巧英.关于电子图书描述元数据方案的思考[J].现代图书情报技术,2004（9）:13-14,101.

③ 机读编目格式标准 MARC[EB/OL]. [2019-06-18]. http://lib.gmu.cn/show.asp?id=181.

都柏林核心元数据是为了解决网络资源的发现、控制和管理问题而产生的，其核心是一个精简的元数据集——都柏林核心元数据集。鉴于DC具有结构简单、易操作、可扩展等特点，其在互联网时代得到广泛的应用，已逐渐成为通用的描述性元数据标准，许多国家均采用DC元数据组织和检索网络信息。

随着数字资源的发展，元数据标准呈现多元化的发展趋势，除了DC元数据以外，国内外针对不同领域、不同资源、不同应用已有多种元数据规范存在。国家数字图书馆工程针对不同的资源类型，分别构建古籍、甲骨、舆图、拓片、家谱、电子图书、期刊论文、学位论文、网络资源、图像资源、音频资源、视频资源等专门元数据规范。

三、数字资源整合

随着电子书数量、种类和来源的不断增多，电子书的整合显得尤为重要，其中经常会用到数字资源整合的相关技术。根据数字资源加工处理的程度，数字资源可分为三个层面的整合，即数据整合、信息整合和知识整合[①]。所谓数据整合，是对异构资源系统中的异质、异类的数据在逻辑上或物理上的集中，提供统一的表示和查询，以解决多种异构数据资源的互联和共享；所谓信息整合，主要指通过某种机制或标准，对不同性质、不同来源和不同格式的数字资源进行描述与连接，使相对独立的资源实体产生联系，实现数字资源的全方位整合和统一获取；所谓知识整合，是以信息整合为基础，以知识组织体系为支撑，组织资源只是结构中概念及概念关系的一种整合方式[②]。

从实际操作的角度来看，目前常用的整合主要包括基于信息链的整合、基于跨库检索的整合和基于元数据仓库的整合。基于信息链的整合主要是借助超文本的链接特性，链接文献的相关知识面，使有关的数字资源链接在一起，连成一个有机整体[③]。基于信息链的整合技术主要包括静态链接技术和动态链接技术。基于跨库检索的整合是在统一检索平台下实现对多数据库的同时检索，

---

①③　周晨.基于OPAC的图书馆资源整合研究[M].北京:国家图书馆出版社,2013:2-6.

②　马文峰,杜小勇.数字资源整合:理论、方法与应用[M].北京:北京图书馆出版社,2007: 53-54.

提高信息资源的检索效率[①]。基于跨库检索的整合技术主要包括公共网关接口（Common Gateuay Interface，CGI）技术、开放式数据库互联（Open Database Connectivity，ODBC）技术和中间件技术等。基于元数据仓库的整合通过对异地、异构的数据源或数据库的元数据进行抽取、解析、清洗、整合，使分散的、不一致的数据转换成公共数据模型并被集成到数据仓库中[②]。基于元数据仓库的整合技术主要包括元数据标准框架、元数据映射和元数据注册等。

四、存储与传输

早期的电子书主要存储在磁盘、光盘中，传输主要通过存储介质的移动实现，典型代表是 CD-ROM 封装书。随着信息技术的发展，存储介质的容量在不断提升，价格相应地在下降。目前，电子书生产和服务机构，主要将电子书存储在硬盘、磁盘阵列、磁带等大容量存储设备中，有的已经实现了长期保存；而电子书用户，主要将电子书存储在电子书阅读器、个人计算机 / 优盘以及云存储（云盘）中。电子书的传输主要通过网络，如互联网、移动互联网、Wi-Fi 等实现。特别是近年来，随着智能手机、平板电脑的普及，电子书通过移动互联网和 Wi-Fi 传输变得越来越普遍。

在技术层面，移动互联网可以定义为以宽带 IP 为核心技术，可同时提供语音、数据、多媒体等业务服务的开放式基础电信网络[③]。在终端层面，广义上移动互联网是指用户使用手机、平板电脑、上网本、笔记本等移动终端，通过移动网络获取移动通信网络服务和互联网服务；狭义上是指用户使用手机终端，通过移动网络浏览互联网站和手机网站，获取多媒体、定制信息等其他数据服务和信息服务[④]。从某种程度上说，移动互联网是移动通信网络与互联网的融合，用户从移动终端接入无线移动通信网络（目前主要是 4G 和 5G 网络）的方式访问互联网；同时移动互联网还产生了大量新型的应用，这些应用与终

---

①②　马文峰,杜小勇.数字资源整合:理论、方法与应用[M].北京:北京图书馆出版社,2007:53-54.

③　工业和信息化部电信研究院.移动互联网白皮书（2014年）[R].北京:工业和信息化部电信研究院,2014.

④　移动互联网:重塑了青年　改变了世界[EB/OL].[2024-05-09].https://china.huanqiu.com/article/9CaKrnJHiga.

端的可移动、可定位和随身携带等特性相结合，为用户提供个性化的、位置相关的服务[①]。

Wi-Fi 是一种无线网络传输技术，被几乎所有的智能手机、平板电脑和笔记本电脑支持，已经成为移动通信网络的补充，特别适用于静态无线上网。Wi-Fi 一般工作在 2.4GHz 和 5GHz 频段，技术标准分别为 IEEE 802.11b/g/n/ax 和 802.11a/n/ac/ax，其中最新的 802.11be 标准传输速率理论可达 30Gb/s，支持更广泛的覆盖范围。在我国，主要公共文化服务机构、机场、酒店、餐馆等都提供免费 Wi-Fi 服务，为用户利用互联网办公、生活、阅读提供了便利。

第二节　显示相关技术

电子书的显示技术包括版式文件展示技术、数字版权保护技术和电子设备显示技术[②]。本节将主要探讨电子书的电子设备显示技术和文件显示技术。电子书的显示离不开电子书阅读终端，目前，电子书阅读终端主要包括计算机、手机、平板电脑和手持阅读器等，不同的阅读终端涉及不同的软件和硬件技术要点。

一、电子设备显示技术

计算机终端的电子设备显示技术已经比较成熟，目前主要显示设备为宽屏液晶显示器（Liquid Crystal Display，LCD）。LCD 显示技术具有工作电压低、功耗小，没有辐射，对人体健康无损害，完全平面，又薄又轻，显示字符锐利、画面稳定无闪烁、环保护眼，精确还原图像，无失真，屏幕边沿图像清晰度与屏幕中心相同，屏幕调节方便，寿命长，抗干扰能力强等优点[③]。目前 LCD 显示的标准分辨率为 1920×1080，最高可以达到 2560×1440、4096×2160；最薄的显示器边缘可以达到 2mm。目前，薄膜晶体管液晶显示

---

① 罗军舟，吴文甲，杨明.移动互联网:终端、网络与服务[J].计算机学报,2011（11）:2029-2051.

② 陈蔚丽.数字化文献与相关技术的发展[J].现代情报,2006（8）:106-107.

③ 雷玉堂.图像显示技术及其最新发展趋势[J].中国公共安全,2015（16）:38-47.

器（Thin Film Transistor-Liquid Crystal Display，TFT-LCD）、有机发光二极管（Organic Light-Emitting Diode，OLED）、曲面屏、柔性屏、触控屏等显示技术正在发展并逐渐成熟，将进一步丰富和提升计算机终端的显示体验。

手机与主流平板电脑的显示屏目前主要是 LCD 和 OLED 两种，可以说是各占半壁江山。其中以 OLED 为基础的柔性屏、曲面屏正逐渐吸引越来越多的用户。手机屏幕的分辨率普遍已经达到 1080P（1920×1080），甚至高端的已经达到 2K（屏幕横向像素达到 2000 以上，主流分辨率为 2560×1440）、4K（屏幕横向像素达到 4000 以上，分辨率为 4096×2160）。

二、文件显示技术

计算机终端的文件展示技术已经非常成熟，可以支持标准的 PDF、TXT、HTML 等电子书格式；对于不同电子书生产者制作的专有格式电子书需要专门软件阅读，比如方正阿帕比电子书需要使用 Apabi Reader 阅读，超星公司的网上图书馆需要使用超星图书阅读器 SSReader。目前，越来越多的电子书愿意使用标准格式，基于浏览器的架构，减少用户对专用阅读软件的下载和熟悉，方便用户使用。

智能手机、iPad 及其他平板电脑是近年来流行起来的电子书阅读终端。第二十次全国国民阅读调查报告显示，2022 年我国成年国民各媒介综合阅读率持续稳定增长，达到 81.8%，比 2021 年高 0.2 个百分点；成年国民数字化阅读倾向进一步增强，手机移动阅读成为主要形式，77.8% 的成年国民进行过手机阅读；成年国民人均每天手机接触时间最长为 105.23 分钟，大大超过所有传统纸质媒介阅读时长的总和[①]。在文件显示技术方面，目前主要有基于手机浏览器和基于手机应用程序两种电子书阅读方式。主流的手机浏览器支持 TXT、PDF 等格式电子书的阅读。为了达到良好的阅读效果，部分电子书提供者采用 HTML5 格式网站架构或者使用手机应用程序 App 支持专有电子书格式。

---

① 第二十次全国国民阅读调查结果发布[EB/OL].[2023-11-09]. https://www.zj.gov.cn/art/2023/4/24/art_1554467_60113183.html.

1. HTML5

HTML5 是用于取代 1999 年所制定的 HTML4.01 和 XHTML1.0 标准的 HTML标准版本，广义上来讲，HTML5实际指的是包括HTML、CSS（Cascading Style Sheets，层叠样式表）和 JavaScript 在内的一套技术组合，其目标是能够减少浏览器对需要插件的丰富性网络应用服务（Rich Internet Applications，RIA），如 Adobe Flash、Microsoft Silverlight 与 Oracle JavaFX 的需求，并且提供更多能有效增强网络应用的标准集[①]。HTML5 强化了网页的表现性能，追加了本地数据库等网络应用的功能。HTML5 并非仅仅用来表示 Web 内容，它还将 Web 变成了一个成熟的应用平台，在 HTML5 平台上，视频、音频、图像、动画及同终端的交互都被标准化，以 WebApp 替代应用程序下载模式[②]。同时 HTML5 还具有跨平台的优势，从 PC 浏览器到手机、平板电脑，甚至是智能电视，只要设备浏览器支持 HTML5，HTML5 应用在此平台就具有可行性。

2. App

App 是英文 Application 的缩写，现在的 App 多指第三方智能手机的应用程序。App 在利用硬件性能、页面布局、交互习惯、流畅性等方面都考虑到智能终端的特殊性，从而能获得良好的用户体验[③]。App 安装操作简便、界面友好，用户可以访问网络、聊天、观看视频、玩游戏等，并实现一些手机网站不能实现的功能。事实上移动应用程序不是创新性事物，创新的是基于移动应用程序商店的应用程序开发模式和交易模式。移动应用商店是以互联网、移动互联网为通道，进行手机应用、内容、服务等交易的销售平台和渠道，任何开发者都可以基于该平台开发和销售自己的应用[④]。电子书 App 已经成为数字阅读的新兴产业形态。电子书 App 内容丰富，功能全面，实时更新，具有新闻、图书、杂志、漫画及听书等各种形态的产品，大部分 App 还支持用户导入标准格式的电子书，极大地方便了用户，是移动数字出版的重要"入口"。

---

① HTML5[EB/OL].[2024-08-20]. https://wiki.mbalib.com/wiki/HTML_5?spm=smwp.content. content.20.1536741619072znBpxsq.

② 谭茗洲.2011年中国移动互联网发展格局分析[M]//官建文.移动互联网蓝皮书:中国移动互联网发展报告（2012）.北京:社会科学文献出版社,2012.

③ 肖叶飞.电子书客户端:数字阅读终端的红海竞争[J].出版发行研究,2015（4）:41-43.

④ 闵栋,刘东明.移动应用商店跟踪研究[J].电信网技术,2010（2）:13-18.

iBook 和 iReader 是两款典型的电子书 App 软件。

三、电子书阅读器

电子书阅读器是一种手持阅读电子书的设备，它有大容量的内存可以储存信息，可让消费者从互联网上购买或下载电子图书，成为活动的"图书馆"[①]。2007 年 11 月，第一代 Kindle 上市销售，成为电子书阅读器市场的重要转折点，一时间电子书阅读器成为电子书的代名词。在国内，汉王科技股份有限公司、深圳市翰林信息科技有限责任公司等公司也于 2008 年前后分别推出电子书阅读器。主流电子书阅读器显示屏使用了电子墨水（E-ink）的显示技术。

E-ink 是一种屏幕显示技术，由电子墨水及两片基板所组成，E-ink 屏幕上面涂有一种由无数微小的透明颗粒组成的电子墨水胶囊，这些细小的颗粒可以受电荷作用进行有序运动和分布，只要调整颗粒内的染料和微型粒子的颜色，便能够使电子墨水展现色彩和图案[②]。与其他显示技术相比，电子墨水的反射率和对比度较佳，这使它看起来更像纸上的墨，因此应用 E-ink 技术的电子书阅读器也被称为电纸书。电子墨水还具有低功耗、易读性、柔性、廉价、易制造等特点[③]。

最新的 E-ink 采用了高级彩色电子纸（ACeP）材质，能够显示 32000 种色彩，同时具有类似于黑白 E-ink 电子纸显示技术的超低能耗和适应强光高可读性的特点，能够显示 8 种主要色彩及对应饱和度变化。但和黑白显示屏 300PPI（Pixels Per Inch，像素密度单位）的高分辨率相比，ACeP 只有 150PPI 分辨率，暂时还不适用于电子书阅读器的屏幕[④]。

四、新一代显示和交互技术

新一代显示技术里较为新颖的是可交互的透明屏。目前常见的触摸屏都只

---

① 刘红霞,项凯标.2010:电子书之年的品牌大战[J].销售与市场(管理版),2010(4):52-55.

② 墨水屏[EB/OL].[2015-06-07].http://baike.baidu.com/view/1954911.htm.

③ 匡文波,龚捍真,蒲俊.电子书阅读器 Amazon Kindle 的发展及其影响[J].图书馆理论与实践,2011(2):90-92.

④ E-Ink 发布彩色电子墨水屏，Kindle 或将推出彩色版[EB/OL].[2019-06-18].https://www.sohu.com/a/77089496_215596.

能进行单面操作。而韩国科学技术院的一个研发团队，研发了一种叫作"透明墙"（TransWall）的屏幕[1]，可以允许用户同屏幕的两面进行交互，因为屏幕的两面都可以使用，所以两个人可以同时进行一些协同工作。该"透明墙"看起来更像是嵌在 T 形边框的一个透明白板，这样用户就可以使用任何一面屏幕，"透明墙"采用树脂材料打造，顶部两端均装有吊挂式投影仪，能够对屏幕前方的物体进行追踪，框架中嵌入了两个远红外线传感器，可检测到用户的手势与触控位置，当用户同屏幕进行交互的时候，传感器首先进行定位，然后通过相应的算法传至顶部的投影仪上并最终实现交互[2]。

通常谈到的交互技术主要包括多屏多点触控交互、语音互动技术、体感传感技术等在内的人与人、人与机器之间的双向互动交流技术。其中，体感传感技术也叫称为动作识别技术或手势识别技术，是新一代交互技术里发展迅速的分支。

体感传感技术主要是通过光学感知物体的位置，加速度传感器感知物体运动加速度，从而判断物体所做的动作，继而进行交互活动。体感传感技术感知人体动作的设备主要分为两类：可穿戴式交互设备和自然手势交互设备。可穿戴式交互设备即直接穿戴在身上，或者是整合到用户衣服或者配件的一种便携式设备，它利用传感器采集人体运动参数，通过软件支持及数据交互、云端交互来实现强大的功能，识别准确性和实时性较高，但舒适感较低。Kinect 姿态传感输入设备，就是一种可穿戴式交互设备。作为 XBOX360 体感周边外设，它彻底颠覆了游戏的单一操作，可以将它看作一种具备实时动态捕捉、影像识别、麦克风输入、语音辨识、社群互动等功能的 3D 体感摄影机。它不仅能够将追踪的多个玩家的身体位置、姿态和动作信息传输到游戏设备，实现人机交互，还能让使用者摆脱附着式传感器等设备的束缚，直接通过自己的肢体来控制终端完成人机交互。自然手势交互设备中的一种是利用外部辅助定位设备实现穿戴式设备交互，如数据手套；另一种是不借助外部设备，仅靠视觉手势识别。对视频采集设备拍摄到的包含手势的图像序列，通过计算机视觉技术进行

---

① "透明墙屏幕"给触摸屏带来两面交互特性[EB/OL].〔2020-04-23〕. https://www.ithome.com/html/it/94017.htm.

② 韩国成功研发出可交互操作的透明触控屏！[EB/OL].〔2020-04-23〕. https://smb.pconline.com.cn/507/5075536.html.

处理，进而对手势加以识别。

与体感传感技术类似的还有脑机信息交互技术，即利用 BCI（Brain Computer Interface，脑机接口）技术，先对大脑皮层的脑电信号进行收集，然后对该信号进行过滤和加工，通过信号控制及信息反馈机制来完成脑机信息交互。

在未来，交互技术应用将进一步广泛和深化。比如，动作识别技术可应用于实现手势控制、语音识别、智能家居等方面的人机交互；触觉交互技术可应用于虚拟现实、遥控机器人及远程医疗等的交互场景；语音识别技术可应用于呼叫路由、家庭自动化及语音拨号等场合人机交互，无声语音识别可应用于有语言障碍的人士；眼动跟踪技术可应用于广告、网站、产品目录、杂志效用测试等交互场景；基于脑电波的人机界面技术可应用于针对有语言和行动障碍人群；等等。

第三节　大数据及云计算技术

一、大数据技术

对于大数据（big data），研究机构 Gartner 给出了这样的定义：大数据是需要新处理模式才能具有更强的决策力、洞察发现力和流程优化能力的海量、高增长率和多样化的信息资产[①]。从数据的类别上看，大数据包括结构化数据、半结构化数据和非结构化数据，其中无法使用传统流程或工具处理或分析的非结构化数据占主要部分。大数据技术是为更经济地从高频率、大容量、不同结构和类型的海量数据中获取价值信息而设计的新一代数据架构和技术[②]。

大数据有 4 个显著的特征，业界将其归结为"4V"——Volume（海量的数据规模）、Variety（多样的数据类型）、Velocity（高速的数据流转和动态的数据体系）、Value（巨大的数据价值）。

---

① 柏秋云.大数据的价值与挑战[J].科技信息,2013(17):479.

② 赖明.以文化资源数据化推动文化产业发展[J].新湘评论,2016(22):22.

近年来，大数据产业越来越受到重视，2013 年甚至被称为"大数据元年"。从国家层面，2015 年国务院正式印发了《促进大数据发展行动纲要》；从互联网企业层面，以阿里巴巴、腾讯、华为为代表的公司，对大数据技术日益重视；文化行业乃至图书馆对大数据技术的应用屡见不鲜，对于文化产业，运用大数据，全方位收集、整合文化资源，不仅能对现有文化资源进行梳理，更能根据地理、历史、人文等方面文化资源信息，分析挖掘出鲜为人知甚至未有人知的文化资源[①]。

大数据在图书馆中的应用主要表现如下[②]。

1. 实现图书馆基础设施互联、融合和共享

大数据技术推动图书馆、网络、数据库、物体及用户统一在智能的网格中，成为联为一体的互动要素。大数据为图书馆重组再造及相应的数据应用和读者咨询提供了新的发展机遇，对图书馆发展中的海量数据进行系统升级，加强学科信息的关联性和提高数据质量，从海量数据分析中获得知识和洞见并提升服务力，从数据挖掘中提升图书馆服务品质，这将使图书馆迎来一个充满智慧的数据管理、数据服务和数据创新的时代。

2. 提供智慧服务

大数据知识服务模式实现的核心是知识服务全生命周期活动中用户、技术、管理、知识、能力等的有机集成和优化。为此，大数据知识服务体系综合运用物联网、云计算等新兴信息技术，实现大数据处理过程的全方位、全生命周期接入和智能感知。

3. 构建高效的智能管理体系

基于大数据的智能图书馆管理体系具有下列特征：利用分析、预测及智能辅助决策技术建立具有图书馆自身机构特色的、科学的、实用的风险模型；通过分析图书情报机构软件、硬件和数据资源的状况来预测可能的故障，或有助于图书情报机构制定应对机构资源突然波动的策略；通过对涉馆数据、动态数据流、关联数据和社会网络数据等新型数据进行整合和分析，洞察图书馆发展

---

① 赖明.以文化资源数据化推动文化产业发展[J].新湘评论,2016(22):22.

② 胡莲香.走向大数据知识服务:大数据时代图书馆服务模式创新[J].农业图书情报学刊, 2014(2):173-177.

环境和用户需求，以智能管理助推图书馆智慧服务。

国外图书馆应用大数据的实践主要有以下几种：一是建立知识服务社区实体行为智能分析引擎。如美国 Hiptype 公司将大数据用来分析电子书用户阅读习惯和爱好，构建知识服务社区实体行为智能分析引擎，从而有针对性地开展服务，取得了较好的效果[①]。这是国内外首例将大数据技术应用于图书馆实践的尝试。二是开放馆藏资源。如哈佛大学图书馆将大数据的服务引入图书馆实践，向用户公布 73 家图书馆提供包含书目数据、地图、手稿、音视频等在内的 1200 多万种资料，并在美国数字公共图书馆中提供下载服务[②]。三是积极开展大数据项目的研究。如美国《图书馆杂志》（*Library Journal*）举办"学术图书馆的未来：电子文本、大数据与资源访问"（Future of the Academic Library Symposium：E-Texts BigData，and Access）学术研讨会。四是争取专项经费改善基础设施。如 2009 年 8 月，JHU（Johns Hopkins University，约翰斯·霍普金斯大学）图书馆得到 NSF（National Science Foundation，美国国家科学基金会）一项 2000 万美元的资助，构建一座数据研究基础设施（Data Conservancy），用来管理过去从教学和科研中产生的海量增长的数字资源[③]。五是组建数据咨询小组，设立信息专员。如 JHU 图书馆在合作项目中选择既有学科背景，又善于合作的馆员担任信息专员，提供协同嵌入服务，以及参加文献评述、合成与数据摘录等工作[④]。

近年来，国内学者也开始关注图书馆大数据服务和技术问题，利用大数据开展服务的实例也越来越多。2012 年，上海交通大学图书馆自主开发完成覆盖图书馆主要业务的一站式统计平台，数据涉及馆藏资源、流通活动、学科服务、应用系统、科研数据、基础信息等，实现所有数据的集成管理，为图书馆各项工作提供指导[⑤]。2013 年，清华大学图书馆尝试从海量权威的元数据仓

---

①② 程连娟.美国推进大数据的应用实践及其有益借鉴——基于图书馆视角的分析[J].情报资料工作,2013（5）:110-112.

③ 初景利,阎军.分报告六:约翰霍普金斯大学图书馆考察报告[J].数字图书馆论坛,2011（1）:53-60.

④ 江云,李凤兰.大数据在我国图书馆的应用及推进研究[J].图书馆工作与研究,2014（6）:35-41.

⑤ 孙翌,郑巧英,徐璟.多数据来源的高校图书馆统计系统研究与实践[J].国家图书馆学刊,2014（4）:64-69.

储中提取关键词等信息，一方面分析关键词走向，以时间轴展示某学科的发展趋势；另一方面分析作者与合作者的关系，建立以学者为中心的知识关联网络[1]。2016年，国家图书馆初步建立基于用户与资源核心业务系统的图书馆大数据平台，应用该平台通过一系列分析方法，对国家图书馆服务情况、主要服务对象和整体资源利用情况进行深入分析[2]。

在电子书产业链中，利用大数据技术可以掌握更多的用户行为数据，使充分利用大数据技术的产业参与者能够更好地把握行业发展态势，更好地掌握用户群体。这样，电子书内容生产者、平台提供者、阅读器或手机生产者，都可以通过对数据的挖掘、分析处理等，找到适合自身发展的契机和价值所在。而对于本书提出的图书馆电子书服务平台来说，利用大数据技术分析用户阅读轨迹及行为，能够为图书馆电子书的采选、组织、发布和服务提供指导，保证平台始终遵循"以用户需求为中心"的原则来提供服务，在不断反馈和调整中完善图书馆的电子书服务，逐渐达到服务提供与用户需求的趋同。

二、云计算技术

云计算（cloud computing）是基于互联网的相关服务的增加、使用和交付模式，通常涉及通过互联网来提供动态易扩展且经常是虚拟化的资源[3]。美国国家标准与技术研究院（National Institute of Standands and Technology，NIST）将云计算定义为：一种按使用量付费的模式，这种模式提供可用的、便捷的、按需的网络访问，进入可配置的计算资源共享池（资源包括网络、服务器、存储、应用软件、服务），这些资源能够被快速提供，只需投入很少的管理工作，或与服务供应商进行很少的交互[4]。

从技术上看，大数据与云计算的关系就像一枚硬币的正反面一样密不可分。大数据的特色在于对海量数据进行数据挖掘，但是它必然无法用单台的计

---

① 邓景康.大数据环境下清华大学图书馆的实践[EB/OL].[2022-06-08].https://www.tsinghua.edu.cn/info/1182/36519.htm.

② 杨帆,张红,薛尧予.基于核心业务系统的图书馆大数据平台构建策略研究[J].图书馆学研究,2017(6):38-42,86.

③ 孔功胜.云计算在数字图书馆中的应用研究[J].中国西部科技,2014(9):124-126.

④ 云计算与工业4.0[EB/OL].[2019-07-03].https://cloud.tencent.com/developer/news/306253.

算机进行处理，而需要依托云计算的分布式处理、分布式数据库和云存储、虚拟化技术^①。

2006 年，谷歌首席执行官埃里克·施密特（Eric Schmidt）在搜索引擎大会首次提出"云计算"的概念，之后作为信息技术发展和服务模式创新的集中体现，云计算的战略价值在全球范围内持续提升。中国、美国以及欧洲、亚洲等主要国家和地区纷纷发布国家战略或计划，推动云计算在各个行业的应用布局。从厂商层面来看，为了抢夺前景诱人的市场，各大云计算巨头厂商如 AWS、微软、谷歌、IBM 等在全球化布局基础上，纷纷调整发展重心，聚焦热点区域、热点领域和热点方向，同时在技术上推陈出新，以满足用户多样性场景需求。图书馆作为重要的信息机构，在 2011 年就已经关注到了云计算的相关研究与应用，并尝试利用云计算提供服务。如美国俄亥俄州图书馆与信息合作网（Ohio Library and Information Network，OhioLINK）接受亚马逊的云计算服务，由亚马逊托管部分数字资源；华盛顿哥伦比亚特区公共图书馆利用亚马逊的弹性计算云（Elastic Compute Cloud，EC2）服务托管它们的网站和数字资源，并利用亚马逊的服务备份图书馆集成系统；东肯塔基大学图书馆利用 GoogleDoes 收集网站的数字资源，并用 Google Analytics 来收集图书馆目录及微博的数据；位于科罗拉多州甘尼森的东部州立大学图书馆使用 Google APP Engine，让用户在 Google 的基础架构上运行网络应用程序^②。

联机计算机图书馆中心（Onlin Computer Library Center，OCLC）于 2008 年 5 月与谷歌公司签订协议，实现数据互换。由谷歌提供 WorldCat 电子图书链接，借助谷歌图书馆计划扫描的数字全文和搜索技术，用户可以轻松寻找到喜欢的图书，并通过 WorldCat 的链接轻松地确定有所需图书的图书馆位置。依靠 OCLC WorldCat 资源共享网络，用户可以搜索包括中国国家图书馆在内的 170 多个国家数万所一流成员图书馆中的 15 亿多条馆藏数据。2009 年初，OCLC 又在美国和加拿大等国推出了 WorldCat Mobile 测试版程序，允许用户通过掌上电脑（Personal Digital Assistant，PDA）或智能手机上的网络应用程

---

① 大数据与云计算的关系就像一枚硬币的正反面一样密不可分[EB/OL].[2019-06-18].http://blog.chinaunix.net/uid-29980220-id-4956403.html.

② 朱一红.云计算在图书馆的应用与潜在风险[J].图书馆理论与实践,2011（3）:32-35.

序搜索、查找附近图书馆的图书和其他资料,实现了通过移动设备访问图书馆馆藏。OCLC 作为一个非营利性的会员制组织,利用自己的数据基础和组织技巧开启了图书馆进入"云时代"的大门。

2008 年北京、上海举办 OCLC 中国会员培训研讨会。2009 年,国内的图书馆界对云计算在图书馆中的应用研究达到了空前的高潮。2009 年,华中科技大学、上海交通大学等机构相继多次开展了以"云计算与图书馆"为主题的研讨活动。2009 年 10 月,杭州市图书馆正式与 OCLC 签约,成为全国首家(图书馆界)OCLC 管理性会员,并将 50 年发展历史积累的所有书目数据向全世界开放[①]。

云计算技术大大改变了图书馆电子书服务的资源空间、阅读模式及用户体验、读物价值及阅读的认知心理结构。首先,云计算使电子书阅读的资源空间无极化。在云计算环境下,海量数据不再是存储于某个服务器上,而是统统分布式存放在百万台服务器的"云"中,并能轻松实现不同设备间的数据共享。因此,云计算环境下图书馆电子书内容空间将得到很大的拓展,甚至可能是无边际地获取和阅读。其次,云计算使数字阅读的用户体验更加优化。云计算可以利用网格分布式计算处理和并行式运行在不同的服务器上的能力,将图书馆电子书资源构筑成一个资源池,使用服务器虚拟化、存储虚拟化技术,用户就可以实时监控和调配资源,实现异地处理文件、不同设备间的数据与应用共享。在云计算环境下,软件安装在"云"端,数据存储在"云"端,数字阅读用户只要随时随地连接到"云"上,就可以获得各种各样的资源,而且是"按需而用、灵活定制"。在任何时间、任何地点,用任何可以连接至互联网的终端设备均可以访问和获取需要的任何数字资源或应用服务[②]。再次,云计算使电子书阅读价值更高。在云计算环境下,不再有盗版软件,因为用户不再需要自己安装任何软件,还能通过最便捷的方式,付出最少的精力和费用获得最高质量的读物和正版软件。在云计算这样自由、免费、内容开放的空间中,反馈变得更为便捷,这种全民互动使得资源自组织功能增强,电子书阅读内容和规模时时刻刻处在动态更新之中,呈现给用户的是时刻保持着最高价值的读物。

---

① 孔功胜.云计算在数字图书馆中的应用研究[J].中国西部科技,2014(9):124-126.
② 江树青.云计算与数字阅读[J].图书馆杂志,2012(6):111-112,96.

另外，出版机构等内容提供方为掌握自身的话语权，必然会提供对内容进行挖掘、评价、整理、推介等增值服务。因此，在云计算环境下，用户的需求、技术的进步及各提供方的利益驱动都将推动整个电子书阅读价值链滚滚向前。最后，云计算技术使阅读认知心理结构趋向系统化。云计算冲破了设备生产商、数字内容提供商各自为政所带来的障碍及下载通道和流量的束缚，它的高度开放性和非线性结构使信息资源具备很强的自组织性，从而使知识内容系统化链接和聚集。云计算采取"随用随取，按量付费"的模式，改变了现有的电子书阅读受八卦、暴力等信息和各种商业广告视频扑面而来的干扰局面，使云计算环境下的数字阅读是一种洁净和非零散式的阅读。图书馆在提供电子书服务时，应该将云服务的理念和云计算技术广泛引入电子书服务的各个环节，拓展电子书阅读的内容和用户空间，提升电子书内容的价值及用户的阅读体验，引导用户健康阅读、深度阅读。

第四节　网络技术

一、下一代网络架构

当今社会高度融合、科学技术迅猛发展，云计算、人工智能、大数据、物联网等信息技术彻底改变着人们的行为方式。网络用户迅速增多，截止 2023 年 6 月，中国网民规模已达 10.79 亿[①]。不同地域、不同终端、不同应用之间的通信和信息数据通过遍布全球各地的网络节点进行转发和传输，网络成为与我们生活、工作等息息相关的基础设施，而基于 OSI/RM 和 TCP/IP 参考模型的传统网络架构，在网络系统承载压力剧增的情况下，已经成为通信瓶颈，为此各国科研机构和厂商纷纷展开下一代网络架构研究。经过 10 多年的研究，逐步确立了信息中心网络（Information-Centric Networking，ICN）和软件定义网络（Software Defined Network，SDN）两大发展方向。

---

① 我国网民规模已达 10.79 亿人 [EB/OL]．[2023-12-19]．https://baijiahao.baidu.com/s?id=1775455480677572559&wfr=spider&for=pc.

ICN 以名字为中心，提出了一种革命性的全新互联网架构。ICN 可实现内容与位置分离、网络内置缓存等功能，从而更好满足大规模网络内容分发、移动内容存取、网络流量均衡等需求。但这种全新网络体系结构在理论、技术和应用方面尚有许多问题亟待解决。信息中心网络作为未来网络的一种重要形态，正引起各国研究者的关注。

SDN 是由美国斯坦福大学 CLean State 课题研究组提出的一种新型网络创新架构，是网络虚拟化的一种实现方式。其核心技术 OpenFlow 通过将网络设备的控制面与数据面分离，从而实现了网络流量的灵活控制，使网络作为管道变得更加智能，为核心网络及应用的创新提供了良好的平台。

目前，SDN 架构作为演进式网络架构成为研究和应用主导。SDN 架构提出设备虚拟化、网络控制与物理网络拓扑分离的理念，使得网络摆脱了硬件对网络架构的限制，向业务开放了系统接口，从而网络更能贴近业务需要，满足了网站架构灵活调整、快速扩容或升级要求，网络系统更加开放、可靠，网络系统本身的安全性、可管理性及移动性等也显著提高。

二、无线局域网技术

随着无线网络技术的广泛应用，传统局域网络已经不能满足人们的需求，于是无线局域网（Wireless Local Area Network，WLAN）应运而生。经过多年的持续快速发展，WLAN 已成为当今全球最普及的宽带无线接入技术，拥有巨大的用户群和应用规模。WLAN 功能被广泛嵌入笔记本电脑、手机等各种电子通信产品中，为人们提供便捷的宽带无线数据服务。电信运营商也将WLAN 视为电信网的重要补充，大规模建设 WLAN 热点，并将二者结合以提供公众服务。

WLAN 技术与标准在不断发展与完善，深度与广度不断拓展。以电气与电子工程师协会（Institute of Electrical and Electronics Engineers，IEEE）为代表的多个研究机构针对不同的应用场合，制定了一系列协议标准，构建了WLAN 技术标准体系，推动了无线局域网的实用化[①]。

WLAN 技术呈现如下主要发展趋势。

---

① 程胜,杜鹃,丁炜.无线局域网及其发展趋势[J].电信网技术,2003（6）:22-25,36.

1.传输速率不断提高

随着相关标准陆续发布、实施，WLAN 数据传输能力快速提升，已从早期 802.11b 的 11Mb/s 提升至当前 802.11be 的 30Gb/s。

2.服务质量不断提高

为了提高无线局域网的服务质量，IEEE 制定了 802.11e、802.11r、802.11ae 等用以改进 QoS 保证机制，支持语音等实时业务切换；制定了 802.11ai，以提高 WLAN 初始链路建立的速度。

3.业务支撑能力快速提升

随着物联网、移动互联网的快速发展，相关机构也在不断提升业务支撑能力，制定相关标准更好地支持智能电网、无线音视频传输等新业务。

4.安全机制不断改进

802.11 最早采用的 WEP（Wired Equivalent Privacy，有线等效保密）加密协议存在较大安全隐患。为此，IEEE 制定了安全增强标准 802.11i，Wi-Fi 联盟基于 802.11i 先后定义了 WPA 和 WPA2 两个版本的安全协议，WLAN 安全性逐步增强。此后，IEEE 又制定了 802.11w，加强对管理帧的安全保护。

5.进一步拓展新可用频段

除了 2.4GHz 和 5GHz 等已有频段以外，相关组织机构也在积极探索其他新频段，并制定相应的技术标准。例如，针对欧洲 5GHz 频谱管理要求而制定了标准 802.11h，解决 802.11 与卫星和雷达系统的干扰共存问题；针对美国 3.65—3.7GHz 频段需求制定了相应技术标准 802.11y，支持 Wi-Fi 设备采用高功率发射，覆盖范围可达 5 千米；针对 1GHz 以下免许可频段，制定 802.11ah 标准，以支持物联网、蜂窝网分流等相关应用。

6.与外部网络融合

为了增强无线局域网与蜂窝网等外部网络之间的互联互通，出台的 802.11u 标准使用户能够方便地通过 WLAN 接入外部网络，获得所需要的数据服务，也便于将 WLAN 与运营商网络整合，提供融合业务。基于 802.11u 标准提出的下一代热点技术，以实现蜂窝网与 Wi-Fi 网络之间的无缝流量切换和跨网漫游[①]。

---

① 罗振东.无线局域网技术与标准发展趋势[J].电信网技术,2012(5):22-26.

新一代 WLAN 标准 802.11ax 是针对网络设备密集度高、无线接入需求量大场景下的无线解决方案。与以往 802.11 系列标准主要关注提高网络总体吞吐量不同的是，802.11ax 重点关注提升人口密集地区的用户体验指标。

802.11ax 具备更大的吞吐量和更快的速度、支持更多的并发连接、具备后向兼容性等多个新功能。它在网络设备密集度高、信道状况不稳定、人流量大、人员密集、移动频繁、无线接入密集，对无线网络服务质量要求很高的场所，具备无可比拟的优势。

由此可见，802.11ax 是专门针对高密集度场景而设计的一种标准，以适应 WLAN 用户急剧增多，无线设备数量和种类迅猛增长，无线业务对接入质量要求越来越高的趋势。同时，在 5G 时代来临后，802.11ax 也可以分担一部分 5G 网络的负荷，协助 5G 网络实现其所提出的"万物互联"的构想[①]。

三、网络安全技术

1. 人工智能在网络安全领域的应用

人工智能技术在近几年获得了飞速发展，其基于大数据和强大计算能力的机器学习算法已经在自然语言处理、规划决策系统等方面取得了显著的进展，在金融、医疗、网络安全等领域形成了成熟的商业化行业应用方案。在网络安全领域，传统的基于特征库的防御模式无法对零日攻击进行防御，基于专家经验的特征库更新方式也存在一定的滞后性。利用人工智能的学习能力、数据挖掘能力，入侵防御系统、防垃圾邮件网关、应用防火墙等可进行恶意代码检测、异常访问行为检测和垃圾邮件检测，对入侵行为进行实时阻断，防止网站被恶意篡改[②]。人工智能可以与数据挖掘技术相结合，应用于网络主动防御，探测网络中的异常数据流，判断网络异常行为，从海量的机器日志、行为日志中挖掘可疑行为，发现未知的网络攻击。

2. 量子通信技术

利用量子力学的原理来进行通信，可以提供从物理机制上来说保密性极强

---

① 谭凯,彭端.WLAN新标准IEEE 802.11ax[J].广东通信技术,2015(10):50-53.
② 陈加焰.人工智能技术在网络安全领域的应用研究[J].网络安全技术与应用,2020(3): 9-10.

的信息传输通信方式。我国已经于 2016 年发射升空了"墨子号"量子科学实验卫星，并进行了远距离安全密钥分发实验，建成了世界首条量子保密通信干线"京沪干线"。量子密钥分发是通过量子态的传输，两端用户可以获得无条件安全的密钥，再利用该密钥对传输的数据进行加密。量子通信技术并不是用来取代现有的光纤通信手段，而是利用量子通信进行密钥分发。量子通信具有不可复制性和不可分割性，当双方进行量子通信时，由于光子具有单次测量测不准、不可克隆的量子态特征，因此窃听者不能对其进行复制，而如果截获光子，则对方无法收到信息，就可以发现窃听行为[①]。

四、5G 技术

5G 的全称是第五代移动通信技术。目前，5G 技术在世界范围内还处于稳步推进的阶段，技术还不够成熟，世界各国都在积极开展对这项技术的研究。5G 技术最早由欧盟在 2013 年 2 月提出，同时专门拨款以加快 5G 移动通信技术的发展和研究，并计划 2020 年推出相对成熟的技术标准。作为最早投资研发和构建 5G 通信技术的组织，由于各种客观因素制约，欧盟对 5G 技术的研究却十分缓慢。另外，欧洲各国的发展水平也呈现较大的差距。美国国家科学基金会为纽约大学的 5G 技术研究团队提供巨额资金援助，美国的通信巨头公司 AT&T 宣布计划到 2020 年年底，使用 6GHz 以下的频段来推出 5G 移动通信服务，从而能够在美国全国范围内推出 5G 服务。但是以高频段的频谱作为 5G 的通信频段，实际的开发难度巨大，其应用的速度缓慢，导致美国甚至落后于其他发展 5G 技术的国家。韩国是亚洲最早投入下一代 5G 移动通信技术研究和发展的国家，并且由于其拥有像三星这样的手机巨头，其发展速度较快、水平较高，甚至在 2019 年公布的 5G 发展国家排行榜中，排名第一位[②]。在 2019 年 4 月，韩国更是突然向外界宣布，5G 移动通信技术在韩国已经实现商用，韩国成了全球第一个 5G 商用的国家[③]。2017 年 11 月，国家发展改革委办公厅发布《国家发展改革委办公厅关于组织实施 2018 年新一代信息基础设

---

① 李联宁.量子计算机——穿越未来世界[M].北京:清华大学出版社,2019:1-45.

② 商文豪,史应如.5G 移动通信发展趋势和关键技术分析[J].科技经济导刊,2019(26):21,34.

③ 李嘉骏.5G 技术发展的现状研究[J].无线互联科技,2020(1):12-13.

施建设工程的通知》（发改办高技〔2017〕1891 号），计划到 2018 年，有不少于 5 个城市可以开展 5G 网络建设[①]，同时，对于 5G 基站的数量要求不少于 50 个。随着华为等通信企业的不断发展，5G 技术在我国得到了稳步发展，其发展态势处于快速上升的阶段。2018 年，我国工信部正式向外界宣布为中国电信、中国移动、中国联通三大运营商发放 5G 系统中低频段试验频率使用许可，这一举动进一步推动了我国 5G 产业链的成熟与发展。2019 年 6 月，我国工信部更向中国移动、中国电信、中国联通三大运营商发放相关的 5G 商用牌照，促进了中国 5G 商用落地，随后，三大运营商也公布相应的 5G 套餐[②]。2019 年 10 月，我国各个城市纷纷出现了使用 5G 技术的用户。

5G 的发展与应用目前主要体现在以下三个方面：一是万物互联。5G 的应用为万物互联的实现提供了技术条件和平台环境。物联网作为 5G 通信的重要基础，将推动各行各业实现深度融合，智能交通、智能家居和无线医疗均在未来实现互联。二是工作云端化。5G 的引入使得云计算渗入人们的日常工作，虚拟现实和视频云端服务也将通过大数据分析平台为人们的工作带来助力。三是智能交互。5G 时代下，要求时间精准、网速超快的领域迎来了快速发展。5G 将助力虚拟现实、无人驾驶、远程医疗等领域的飞速发展[③]。

五、移动互联网技术

随着宽带无线接入技术飞速发展，以及智能移动终端的不断涌现，随时随地从互联网获取信息和服务变得越来越重要，移动互联网应运而生并迅猛发展。移动互联网（Mobile Internet，MI）是指通过移动通信网络连接各种设备，实现信息和数据的传递、共享和交流。移动互联网包含终端、软件和应用三个层面。终端层面包括智能手机、平板电脑、电子书、移动互联网设备（Mobile Internet Device，MId）等；软件层面包括操作系统、中间件、数据库和安全软件等；应用层面包括休闲娱乐类、工具媒体类、商务财经类等不同应用

---

① 高芳,赵志耘,张旭,等.全球 5G 发展现状概览[J].全球科技经济瞭望,2014（7）:59-67.

② 王佳,李卓,杨柳,等.5G 移动通信发展趋势与关键技术的探讨[J].中国信息化,2017（8）: 52-54.

③ 王波.5G 时代传统图书馆面临的挑战、机遇及应对策略[J].图书馆研究,2020（1）:29-35.

与服务 ①。

随着移动互联网技术的发展，移动数字图书馆提供的服务模式也在不断发生变化。从最初提供短信服务到移动网站服务、移动数据库服务，以及近年来伴随着智能手机的推出而兴起的图书馆 App 服务和微信公众平台服务，移动数字图书馆的服务模式越来越人性化、智能化，提供的内容也更加全面和更有针对性 ②。目前图书馆应用移动互联网技术主要开展以下几种服务。

1. 短 / 彩信服务

世界上第一条短信是 1992 年在英国发送成功的，两年之后，中国的移动网络也具备了短信功能 ③。1998 年开始，中国移动、中国联通先后大范围拓展手机短信业务，短信在中国得到飞速发展，并催生了一系列基于手机短信的信息服务项目，图书馆也适时将短信服务引入读者服务中。短信服务是一种较为简便、快捷的服务方式，图书馆所提供的短信服务除包括预约到书提示、图书续借、图书催还、委托到书提示、超期罚款提示等服务外，还可提供一些公共性的信息，譬如可以定期向读者发布信息告知，如开展讲座、举办展览等一些希望读者参与的活动信息。读者还可以通过各种方式个性化定制自己所感兴趣的某些或所有类别公共信息。

随着手机通信技术的进步和发展，2002 年 10 月，中国移动的彩信业务正式开通，这标志着手机短信业务跨上了一个新的台阶。彩信（Multimedia Messaging Service，MMS）即多媒体信息服务，它最大的特色就是支持多媒体功能，能够传递功能全面的内容和信息 ④。彩信业务严格地说是没有大小限制的，为保证彩信发送的成功率，中国规定每条彩信的大小为 50K 字节左右，约达 2 万个汉字。这意味着手机短信服务可以不受信息模式和大小的限制，这在一定程度上弥补了传统短信服务的不足。然而由于彩信费用较高，目前也不适于发送大量多媒体信息。因此，受内容长度或成本的限制，短 / 彩信形式在

① 移动互联网的概念,这就是你日常离不开的移动互联网[EB/OL]. [2019-07-03]. https://www.163.com/dy/article/D7Q8T5E80511RQV0.html.

② 王霞.基于移动互联网的数字图书馆服务模式的构建[J].吉首大学学报（自然科学版），2014（4）:89-92.

③ 杨峥.利用手机短信拓展图书馆信息服务[J].山东图书馆季刊,2006（1）:58-61.

④ 丁立华.手机短信与图书馆信息互动服务[J].高校图书馆工作,2009（6）:89-91.

电子书服务领域难有用武之地。虽然有些图书馆已经利用该形式尝试推出了一些阅读服务，比如国家图书馆推出的"文津经典诵读"短信定制业务，每天按时为定制该业务的读者发送精选的经典诗句和美德格言各一条，是一种微阅读服务，但是与电子书阅读的概念还是有一定的区别。

2. 移动网站服务

移动网站是一个让读者更加有效地了解图书馆资源的重要窗口。移动网站建设涉及的相关技术包括 WAP 技术和 HTML5 技术。WAP（Wireless Application Protocal，无线应用协议）是一种向移动终端提供互联网内容和先进增值服务的全球统一的开放式协议标准，是简化了的无线网络协议 [①]。WAP 技术的发展使人们可以通过手机连接到网络，享受超越时空限制的图书馆服务。WAP 到现在已经发展到了 2.0 版本，WAP2.0 具有彩色显示、多媒体信息、大文件下载及改善的导航功能、优化的用户界面等特征，这些特征使得 WAP 网站能够实现与普通网站类似的功能，承载大量的多种形式的信息。目前 WAP 网站能够实现馆藏目录查询、个人借阅状态查询及修改、借阅信息查询、电子资源检索、学科导航、新闻通知、讲座预订、在线咨询、视频点播、上传下载文件等多种功能，还可进行留言，具有较强的互动性。然而，由于移动网络传输速率低，带宽小，以及 WAP 终端设备本身的客观限制（比如手机、平板电脑等移动设备的屏幕尺寸小、分辨率低），WAP 网站比较适合提供一些简洁的信息浏览和查询服务。对于文本格式的电子书的在线阅读，WAP 网站也能很好地支持，并被读者普遍认可。然而在用户体验方面，由于目前移动终端种类、型号繁多，屏幕大小不一，因而在不同的终端上，WAP 网站的显示效果与功能模块存在较大差异。在非智能手机上，大量的用户体验功能将无法实现甚至不予显示，读者只能进行最基本的浏览操作，这使得 WAP 网站的功能推广和使用受到很大限制 [②]。在安全性方面，WAP 协议是万维网及 HTML 语言的简化，这在给图书馆 WAP 网站带来便捷性的同时也带来了严重的安全隐患。由于 WAP 网站结构简单，其数据传输难以得到更加完善的保护，这给

---

① 林艺山.WAP网站在图书馆服务中的应用[J].图书馆学研究,2007（4）:37-39.

② 田秋颐.基于用户体验的图书馆WAP网站建设现状与展望[J].图书馆学刊,2012（1）:116-118.

图书馆 WAP 网站功能的进一步拓展带来了技术瓶颈，任何涉及用户隐私或信用卡、身份信息等隐秘资料挂钩的功能都将难以实施[①]。

HTML5 是 HTML 语言的更新版，它增加了一些有趣的新特性，这些新特性非常适合移动终端的用户体验，并且使 HTML5 有了"富媒体技术的浏览平台"之称，因此 HTML5 得到各大互联网巨头及移动终端厂商的青睐。HTML5 保持了客户端形式的良好用户体验，可以说，它结合了浏览器和客户端的优点，为手机浏览器带来了新生。在电子书阅读方面，相对于 WAP 网站，HTML5 可以兼容多种格式的电子书阅读器，并能实现如书签、评论、分享等多种阅读互动功能，电子书的展示界面也相对舒服。二维码技术的兴起，给移动网站服务带来了新生，用户可以通过扫码直接跳转到网站，省去了输入网址这一过程。移动网站的构建，实现了传统互联网与移动互联网环境下信息的互通，为利用无线平台拓展图书馆各类服务开辟了更广阔的空间。

3. 移动数据库服务

数字图书馆基于现有各类馆藏资源数字化，并依托互联网的普及得以快速发展。移动互联网时代，随着"云存储""云数据""云图书馆"的出现，读者对各类电子资源数据库的访问、搜索、浏览要求更高。然而，"云"往往让读者无所适从，反而找不到自己需要的关键资源。作为连接读者和"云数据"的纽带，图书馆急需从"云端"获得最有价值的数据，建设具有自己馆藏特色的资源库，并传递到移动客户端。

4. 图书馆 App 服务

随着手持移动设备和移动互联网的发展，手机 App（应用程序）以其便捷、迅速、可个性化定制推送等特点在信息服务和知识传播领域得到了广泛应用。目前，国内不少图书馆都在尝试利用 App 等新技术手段提供服务，以便更好地关注读者潜在移动信息需求、挖掘并集成馆藏特色资源、拓展服务功能[②]。

移动应用需要读者将软件下载到移动设备中然后进行安装，其优势是可以

---

① 李烨.基于短信的移动图书馆服务[J].企业家天地(下半月刊),2010(1):124-125.

② 王霞.基于移动互联网的数字图书馆服务模式的构建[J].吉首大学学报(自然科学版),2014(4):89-92.

带来很好的用户体验，实现一些移动网站服务方式不能实现的功能，如移动基站的定位、无须手动输入网址上网等。由于移动应用服务具有离线方式，它可以将大部分内容存储在终端设备上，对网络的依赖性较小，在给读者带来便利的同时节约了上网成本。在电子书阅读方面，移动应用能够在保证版权的基础上允许读者下载电子书，进行离线阅读。然而，移动应用模式也有一定的局限性。例如，它的一个致命缺点是手机适配问题，由于目前手机没有统一的标准，包括手机屏幕、手机操作系统等，型号多种多样。相同功能的移动应用的软件开发可能需要针对不同的操作系统（IOS、Andriod 及其他）甚至是相同操作系统系列的不同版本开发多种版本，增加了开发的时间和金钱成本。另外，开发的 App 在应用程序商店中进行推广难度很大，这是因为，不管是苹果的 App Store 还是安卓的 Andriod Market，新的 App 都需要经过一系列的审批程序才能投放市场，而且随着应用程序商店的日益庞大，同时充斥着低劣或无用的应用程序，这些 App 很快迷失在这个超级市场而无人问津。

尽管如此，移动应用仍然以其内容专一性、友好的界面、方便的操作、较好的终端适配性等优势成为将新服务、新内容提供给读者的首选方式，开启了图书馆移动互联的新时代。

5. 微博 / 微信公众平台服务

"粉丝经济"已经成为 2013 年 IT 界的热词，粉丝为一些企业创造了更多的价值，在移动互联网领域，收集读者的反馈和需求并据此创造产品、优化产品成为一个发展方向。而微博、微信无疑是目前国内互联网行业中集中粉丝最重要的两个平台，通过微博、微信公众平台，可以进行群发文字、图片、语音、视频、图文消息等 5 个类别的内容[①]。为更好地服务读者，国内很多图书馆都先后推出了微博 / 微信公众平台服务，主要功能包括绑定读者卡、借阅信息查询、馆藏查询、在线图书馆、图书导航、期刊导航和新书推荐等。微博 / 微信公众平台服务更适合向读者推送一些信息类的资讯，对电子书全文阅读的支持度还比较弱，全文阅读还是要依托电子书阅读平台，微博 / 微信公众平台可以以链接的形式对某本图书或者某个电子书专题进行营销，利用其粉丝效应

---

① 武龙龙,杨小菊.基于微信公众平台的高校移动图书馆服务研究[J].图书馆学研究,2013（18）:51-61,51.

和快速传播的特点，实现电子书或电子书平台的快速、广泛推广。

虽然现阶段移动互联网技术已经在图书馆各项业务中得到了应用，但在移动终端、接入网络、应用服务、安全与隐私保护等方面还存在一系列的问题。其基础理论与关键技术的研究对国家信息产业整体发展具有重要的现实意义。

第五节　人工智能技术

"人工智能"一词最初是在 1956 年美国达特茅斯（Dartmouth）会议上提出的。从那以后，研究者们发展了众多理论和原理，人工智能的概念也随之扩展。目前，人工智能已涵盖了自然语言处理、模式识别、图像识别、数据挖掘、机器学习等诸多领域。如今，世界各国纷纷将人工智能作为国家战略来积极推动产业发展，企业将人工智能作为未来的发展方向积极布局，围绕人工智能的创新创业也在不断涌现。近年来，随着大数据、云计算等相关技术的成熟及硬件性能的不断提升，人工智能技术取得了突飞猛进的发展，并在诸如医疗健康、安防、教育、金融和文旅等多个行业得到了广泛的应用。

人工智能技术的迭代加快了数字阅读的转型，带来阅读内容的立体化、阅读载体的多元化及阅读形式的个性化、智能化。人工智能技术的发展与引入，将阅读载体从二维平面延伸到三维立体空间，通过打造各种互动情境，赋能沉浸式互动阅读，帮助读者与书中的人、物进行即时互动，实现从文字到"身临其境"的阅读体验；通过获取读者历史使用信息，分析读者的阅读行为习惯，不仅可以为读者定制其需要的、感兴趣的、关注的阅读内容，还可以快速帮助读者了解一本书的核心内容，方便读者根据自己的阅读兴趣进行选择性阅读；虚拟数字人和云端大脑技术可以为读者提供电子阅读新渠道，并通过数字人交互改善阅读体验。人工智能技术的应用还体现在其他数字领域，比如协助作者快速编撰文章、代替人工进行书稿校对、语言文字识别、文章即时翻译、文章名词的解释和注释等。

在公众普遍关注的儿童阅读领域，人工智能技术也大有作为。通过动态分析孩子的情绪，及时与孩子进行沟通，分析孩子的专注力和理解力，实现有效的亲子陪伴阅读，使儿童阅读更加个性化，助力孩子自主学习习惯的养成。通过收集分析孩子的个性、行为、习惯、兴趣等数据，预判孩子的成长发展趋势。人工智能技术还可以模仿某个人的声音，通过分析某人的讲话发声、语气，模仿其语调朗读文章。对孩子而言，用父母的声音朗读文章可能更容易获得孩子的青睐[①]。

目前，国内高校图书馆和公共图书馆逐步使用实体化智能机器人，如清华大学图书馆开发的信息服务对话机器人"清小图"，可以与读者进行日常对话，针对图书馆图书借还、电子资源、座位预约、馆藏目录、名词术语等图书馆相关问题给出专业性、权威性的解答。南京大学图书馆研发的咨询服务机器人"图宝"，将线下实体咨询机器人服务能力与线上虚拟咨询的泛在化服务能力结合起来，提供包括迎宾引路、信息识别和中英文交流等咨询服务；其开发的另一款"智能图书盘点机器人"，可以自动、快速识别图书信息及图书位置信息，完成自动上架。武汉大学图书馆研发的国内首家大规模应用超高频 RFID（Radio Frequency Identification，射频识别）的"图客"机器人，可以完成每日 70 多万册图书的无人干预全自动盘点与定位，1% 以内的图书漏读率及 98% 以上的定位精度有效地避免了图书错架与乱架。上海图书馆也使用了馆员机器人"图小灵"，能够提供咨询和导航服务、借还书服务、图书搬运和图书盘点等四类图书馆业务。国家图书馆智能机器人"小图"拥有听、说、视觉、运动和双屏互动显示能力，具有人脸识别、迎宾讲解、智能交互、书籍检索、读者卡信息查询等功能[②]。湖北省图书馆、沈阳市图书馆、浙江大学图书馆、天津大学图书馆等也都相继使用了智能机器人。

第六节　版权保护技术

电子书的易复制性容易导致版权问题，使得作者、出版者、读者、图书馆等方面的权益受到侵害，也阻碍了电子书产业的健康发展。为此，需要对电子

---

① 张昭.数字出版背景下电子书平台运营模式及发展趋势探究[J].中国编辑,2022（5）:76-80.

② 布和宝力德.人工智能技术在图书馆的应用、挑战及发展趋势[J].图书与情报,2017（6）:48-54.

书进行版权保护，技术上使用最广泛的是数字版权管理和区块链技术。

一、数字版权管理

数字版权管理（Digital Rights Management，简称 DRM）是一种系统解决方案，它利用信息技术手段，在保证数字图像、音频、视频等数字媒体内容被合法的、具有权限的用户正常使用时，保护数字媒体的版权[①]。DRM 以软件或硬件的方式限制用户对数字内容复制、打印、修改、下载或传输次数，设定专用播放器和使用期限等，并追踪使用行为[②]。

DRM 涉及的主要信息技术包括数字水印、数字指纹、身份认证、加密解密、安全分发等[③]。其中，数字内容的保密性，即内容的机密，一般通过使用对称密钥算法对内容加密来解决；数字内容的完整性，即内容的不可篡改、可分辨，一般通过数字摘要和数字水印来解决；数字版权的描述与验证，即数字版权的内容和格式、用户身份校验等，一般通过 PKI（Public Key Infrastructure，公钥基础设施）和版权描述语言来解决；数字版权的合法使用，即数字版权的不可复制，一般通过身份标识的绑定来解决；数字产品传输的安全，即安全交易，一般由标准的安全传输协议解决，比如安全电子交易协议（Secure Electronic Transaction，SET）、安全传输协议（Secure Sockets Layer，SSL）等[④]。

针对移动互联网的数字版权管理，开放移动联盟（Open Mobile Alliance，OMA）制定了 DRM 标准用来管理手机上数字多媒体数据的版权。2006 年 3 月 OMA 完成并推出 OMA DRM2.0 标准。在 OMA DRM2.0 中由版权对象获取协议（Rights Object Acquisition Protocol，ROAP）来实现终端获得相应的版权信息。ROAP 主要完成版权发布者（Rights Issuer，RI）、内容发布者（Content

———————

① 王明华,钮心忻,杨义先.移动网络数字内容分发的版权管理研究[J].电信科学,2005（11）:44-47.

② 陈文娟.电子书DRM应用发展趋势[J].电子与电脑,2010（3）:28-30.

③ 王美华,范科峰,岳斌,等.数字媒体内容版权管理技术标准研究[J].广播与电视技术,2007（6）:19-22,14.

④ 张长安,柏丽娜.DRM技术及其在数字图书馆中的应用[J].现代图书情报技术,2003（3）:83-85.

Issuer，CI）和 DRM 代理（DRM Agents，DA）之间的注册、版权对象（Rights Object，RO）获取、入域和离域操作[①]。OMA DRM2.0 已经得到了广泛的认可和支持，目前已应用于电子书、手机电视等领域，移动设备厂商、内容提供商采用了 OMA DRM2.0 来开发自己的产品，以保护数字内容的版权。

二、区块链技术

区块链技术（Blockchain technology）被认为是继蒸汽机、电力、信息、互联网科技之后第五个最有潜力引发颠覆性革命的核心技术，是工业经济时代转型为数字经济时代的新动力。区块链技术起步于金融领域，是比特币最为重要的底层支撑技术，最早源于中本聪 2008 年 11 月 1 日发表在比特币论坛的一篇名为《比特币：一种点对点的电子现金系统》[②]的文章。它是一种通过块链式数据结构验证与存储数据，通过分布式节点共识算法生成与更新数据，通过密码学确保数据传输与访问的安全，通过由自动化脚本代码组成的智能合约编程与操作数据的全新分布式基础架构与计算范式[③]。与传统互联网依赖中心化的信息处理过程不同，区块链的一个重要特征在于它是一种多点（人）同时记录、实时更新、并按时间穿成链的去中心化记账方式（存储方式）[④]。

2016 年，中国区块链技术和发展论坛成立，并发布《中国区块链技术和应用发展白皮书（2016）》[⑤]，将区块链列为国家重点关注技术。2019 年 10 月 24 日，中共中央政治局第十八次集体学习中，习近平总书记强调"把区块链

---

① 魏景芝，杨义先，钮心忻.OMA DRM 技术体系研究综述[J].电子与信息学报，2008（3）：746-751.

② 比特币：一种点对点的电子现金系统[EB/OL].[2024-08-02].https://wenku.baidu.com/view/f26c8d916bec0975f465e236?aggId=f26c8d916bec0975f465e236&fr=catalogMain_&_wkts_=1724751499497&bdQuery=%E3%80%8A%E6%AF%94%E7%89%B9%E5%B8%81%3A%E4%B8%80E7%A7%8D%E7%82%B9%E5%AF%B9%E7%82%B9%E7%9A%84%E7%94%B5%E5%AD%90%E7%8E%B0%E9%87%91%E7%B3%BB%E7%BB%9F%E3%80%8B.

③ 王发明，朱美娟.国内区块链研究热点的文献计量分析[J].情报杂志，2017（12）：69-74，28.

④ 陈瑛.美国图书馆数字化建设新策略及新技术应用[J].图书馆研究与工作，2020（1）：80-83.

⑤ 我院联合主办中国区块链技术和产业发展论坛成立大会[EB/OL].[2024-09-10].https://www.cesi.cn/201612/723.html.

作为核心技术自主创新的重要突破口"①，将同时具备开放、共享、安全、可信的区块链技术列为未来发展的重点。

区块链所具有的发散性、透明性、安全性、防篡改及可检索性，可以应用到图书馆的数字版权保护、智能服务升级、馆藏文献资源建设、读者服务和阅读推广等多个方面。专家认为它将实现从目前的信息互联网向价值互联网转变，是继互联网之后彻底改变我们生活的又一个颠覆性技术②。区块链的基础核心是分布式数据存储、共识机制、加密算法、点对点传输等技术的集成应用，其技术理念深度契合了数字图书馆智慧化的发展理念③。区块链技术在图书馆的版权保护、阅读推广、信息存储安全等方面都有比较现实的应用前景。

中国内容产业升级，产业迎来黄金发展时期，产业迅速繁荣的同时也伴随着侵权问题。尤其是社交网络的繁荣，使大量有所有权的信息被发布在互联网上，而这些信息在传统的版权模式下，对其进行版权保护的经济成本和时间成本往往过于高昂。尽管国家先后出台知识产权保护的政策与法律法规，但盗版侵权现象仍屡禁不止。盗版作品给产权方带来巨大经济损失。据艾瑞统计，仅由盗版网络文学造成的经济损失每年可达 80 亿元人民币。未来区块链将真正激活版权行业的整个链条，其在版权行业的价值分为三块：确权、授权及维权。在确权环节，利用区块链的分布式账本和时间戳特性，可以为知识内容进行随时随地的版权证明，并且一旦在区块链上创建了记录，这些证明就将永远存在。在授权环节，消费者能够参与知识内容创作、生产、传播和消费的全流程，不需要依靠第三方平台的信用背书；通过智能合约执行 IP 及其相关权利的交易流程，跨过出版商和发行商，将版权交易环节透明化的同时也能帮助创作者获取最大权益。在维权环节，借助区块链的不对称加密和时间戳技术手段，版权归属和交易环节清晰可追溯，使得第一时间确权或确定侵权主体成为

---

① 习近平主持中央政治局第十八次集体学习并讲话[EB/OL]. [2024-09-10]. https://www.gov.cn/xinwen/2019-10/25/content_5444957.htm.

② 魏大威,董晓莉.利用区块链技术驱动国家数字图书馆创新升级[J].图书馆理论与实践,2018（5）:98-103.

③ 房永壮,王辉,王博.基于大数据共享环境下图书馆"区块链"技术应用研究[J].现代情报,2018（5）:120-124.

现实，为维权阶段举证。

区块链技术的多中心特征极大地满足了用户需求的多样性、复杂性和个性化，弥补了图书馆公共属性中的缺憾。而图书馆的身份就是组织者和管理者，要做的就是对信息进行打分和评级，对外大力推介。传统图书馆很难对馆藏信息进行适当的筛选和甄别，然后分门别类地提供给有需求的用户。

区块链技术中的点对点传输、共识机制技术可以极大地把所有信息都公开呈现在用户的面前，极大增强了传播性，进而极大地提高了利用率。任何用户都可以对所发布的信息进行评点和提出改正意见，尤其是相关利益人，在讨论中，信息经过多层过滤往往最趋近真实。

另外，信息存储安全是信息服务的根本保障，也是核心的问题。尤其是馆藏特色资源一旦被篡改，就会给社会带来一系列不可估量的损失。数字图书馆是用数字作为技术处理和存储的方式，对图书馆各种图文资料进行存储，实质上就是一种多媒体制作的分布式信息存储系统。它将各种不同载体的资料、不同地理位置的信息资源用数字技术存储起来，以便于所有跨区域的用户进行信息的网络查询和传播。区块链技术中的数据脱敏技术极大地保证了数据的私密性。

图2-2 数字作品版权区块链系统技术框架

基于区块链技术的数字作品存证平台可实现数字作品确权存证、版权交易、侵权检测（提供接口）等功能。具体架构如图2-2所示。将经过结构化处理的数据文件与作者、时间等信息绑定并记录在存储层的区块链上，明确了数字版权归属。分布式存储体系使数字版权的登记、交易等信息公开透明，使数字作品在传输、使用过程中的侵权可追溯。平台层用于存放各种智能合约，如存证合约、资产合约、交易合约等，当输入条件满足智能合约要求时，执行对应的合同条款的程序代码；服务层完成与平台层的交互和调用，并为应用层提供服务接口；应用层用于给版权方提供身份认证、作品登记、数据存证等服务。版权人通过上传作品可即时获取存证证书，司法鉴定以大数据技术为支撑，以全网信息检测和存证作品被侵权的情况[①]。

---

① 高雅奇.区块链技术在电子书产业新生态中的应用探讨[J].计算机时代,2020(10):48-51.

第三章　国内外电子书发展现状

　　国外图书馆十分重视电子书服务。如美国公共图书馆电子书购置经费在资源购置总经费的比例逐年增长，2012 年为 9.6%，2013 年为 13%，2014 年为 16%[①]；美国高校图书馆电子借阅服务普及率高达 95%。在电子书采购类型方面，国外图书馆采购电子书品种比较齐全，电子书资源库主要有 Ebrary、Netliabrary、Springer 等数据库。在采购方式方面，有按本购买、一次性购买、包年购买等传统采购方式。还有按照读者需求采购的模式，如北得克萨斯州大学图书馆采取 PDA 模式，按照读者的实际需求单独购买其所需的单本电子书，这种采购模式，可以大幅度缩减采购经费。国外图书馆电子书服务理念比较领先，比较注重读者的个性化需求和专业化需求。在电子书推广方面，国外图书馆主要有纸质宣传、口头宣传、设立广告牌、图书馆官网宣传及微博等社交媒体方式宣传等。国外图书馆注重读者培训，开展对读者的定向培训，如指导读者如何搜索电子书。在服务理念上，国外图书馆定位是打造"无书图书馆"。如美国得克萨斯州的 Biblio Tech 电子图书馆，为读者提供电子设备供其借阅电子书，也可以使用自己的电子设备借阅电子书。电子书代理商提供技术支持，与图书馆合作为读者提供阅读便利。国外高校图书馆比较重视"无书图书馆"模式，斯坦福大学和费城得雷塞尔大学也引入了这种服务模式。

　　我国也非常重视电子书产业的发展，出台了一系列政策来鼓励和刺激电子书的发展。2009 年《文化产业振兴规划》提出要大力发展纸质有声读物、电子书、手机报和网络出版物等新兴出版发行业态。2012 年在《国家"十二五"

　　[①]　国内外电子书服务方式比较分析［EB/OL］.［2024-08-02］. https://doc.mbalib.com/view/7b3e0ed288880b685d2b104260cadf83.html.

时期文化改革发展规划纲要》中指出实施文化数字化建设工程，培育发展新兴文化产业。自 2014 年政府工作报告提出"倡导全民阅读"后，"全民阅读"连续 7 年被写进政府工作报告。十三届全国人大四次会议中再次提出"推进城乡公共文化服务体系一体建设，创新实施文化惠民工程，倡导全民阅读"。国家对全民阅读的重视，为电子书的发展提供了强有力的政策支持。随着政策法治环境、经济社会环境、科技创新环境的持续向好发展，腾讯、百度、京东等互联网公司都高调介入电子书市场，我国电子书市场进入高速发展时期，电子书市场规模不断扩大，精品电子书层出不穷，从而促进用户黏性持续上升，形成了良好的电子书发展环境。本章将全面调研全球电子书发展情况，找出中国电子书发展存在的问题，为后续电子书服务模式及平台的设计提供参考。

第一节　美国

2007 年，Kindle 点燃了美国电子书产业，使其进入高速增长阶段。美国出版商行业协会发布的数据显示，2002 年全美电子书销售额只有 210 万美元，但 2007 年底 Kindle 阅读器问世以来，美国的电子书市场却如火箭般飞升，到了 2012 年全美电子书销售额超过了 15 亿美元，增长惊人，势不可挡。然而，美国电子书自此并非一路高歌、勇往直前，这个发展势头在 2013 年来了个急刹车，从 2014 年销售额见顶后就开始回落[①]。直至 2020 年，由于新冠疫情的影响，才略有回升，但大体稳定在 11 亿美元上下[②]。电子书阅读器的发展对美国电子书市场的发展起到了促进作用。2016 年 5 月 31 日，尼尔森公司（Nielsen）发表了《2015 年图书市场》[③]（*Year in Books Review* 2015），对 2015 年美国图书市场作了回顾与分析。数据显示，以传统出版方式生产的电子书销量从上年度的 2.34 亿册下降到 2.04 亿册，降幅达 12.8%。电子书在整个图书市场所占比重已由 2010 年的 9% 增加到 2015 年的 24%。在电子书内容方面，与纸质图书

---

①② 杨佳,赵亮.从电子书到电子纸——由 Kindle 退出中国市场说起[J].竞争情报,2022（4）:2-10.

③ 尼尔森 2015 美国市场报告:五大社电子书份额下滑 12%[EB/OL].[2022-07-04]. http://www.cbbr.com.cn/article/104506.html.

相比，爱情和惊悚类的电子书所占市场份额分别为 60% 和 51%，超过纸质图书市场份额；而青少年及儿童非小说类图书的电子书份额仅有 2%，青少年及儿童小说类电子书也仅有 11%[①]。

美国出版商行业协会还统计了美国大众类图书市场细分情况，包括精装书、平装书、电子书、可下载有声读物。在精装书、平装书、有声书等载体形式图书近些年有所增长的同时，电子书销量却有所回落，其销售额占比从 2012—2015 年鼎盛期的 20%~24% 这一区间回落至 12% 上下，与电子书市场崛起初期的 2011 年相当[②]。

在阅读终端方面，有数据显示，2014 年选择电子书阅读器进行数字阅读的用户为 57%，选择平板电脑进行数字阅读的用户为 55%，选择计算机进行数字阅读的用户为 29%；约 34% 的受访人群选择手机作为其数字阅读的主要途径。数字阅读终端越来越多元化，平板电脑、智能手机等智能移动终端越来越受青睐[③]。同时，分别有 27% 和 16% 的受访者表示几乎每天都会使用 Kindle 电子书阅读器与平板设备阅读书籍，只有 4% 与 5% 的受访者每天会使用计算机和手机进行阅读，美国公众对电子书阅读器和平板设备产生了阅读黏性[④]。

在电子书阅读器品牌方面，亚马逊公司的 Kindle 依然占有绝对优势。2015 年 4 月，Kindle 的电子书订阅的市场份额达到 60%[⑤]，亚马逊公司针对儿童特别设计了一款 Fire HD Kids Edition 应用。Kindle 电子书阅读器占据大部分市场份额。2014 年 8 月，Sony 正式宣布退出电子书阅读器市场；另一家电子书阅读器代表巴诺书店携手三星，合作推出首款平板电脑 Galaxy Tab Nook，从电子书阅读器 Nook 向智能移动终端转型[⑥]。我们来看电子书阅读器在全球市场上的销售数据：全球电子书阅读器的出货量在 2011 年就达到了高峰，之后下滑明显，然后渐趋平稳。无论从电子书阅读器还是电子书的销售数据来

---

① ② ④ 孙蔺，巢乃鹏.移动互联时代美国公众电子阅读行为研究——基于美国皮尤研究中心的调查问卷统计[J].出版发行研究，2015（3）：85-88.

③ 高珑.美国数字阅读现状及数字出版趋势分析[J].出版广角，2015（13）：80-82.

⑤ 国际出版业发展报告（2015—2016 年）[EB/OL].[2019-06-18].https://mp.weixin.qq.com/s?__biz=MzA3MzA0OTIzMQ==&mid=2651557054&idx=3&sn=621b1f18905bb498910bae5fb32d12b4&chksm=84ebd95eb39c50485c8edb64c711717734c56d851cea61240e644a0fc16220fa4ee90f0803e4&scene=27.

⑥ 李欣人，徐静瑶.2014 年美国电子书产业发展概况[J].中国出版，2015（6）：62-65.

看，经过短暂的爆发性增长后，分别在 2011 年、2012 年达到峰值①。

依托大数据等新技术开展电子书阅读行为研究，成为近年来美国电子书发展的一个重要变革。出版巨头哈珀·柯林斯出版集团 2013 年起开始利用大数据技术获取消费者数据，挖掘读者需求；2014 年 7 月，苹果收购大数据图书分析服务 Book Lamp，帮助改善 iBook 服务；电子书订阅服务商 Oyster、Scribd 及 Entitle Books 也都在跟踪读者的阅读行为，希望借此对读者实现精准的个性化推荐。近两年来，美国还产生了大量的专业数字挖掘公司，例如，图书观察者（Bookseer）通过对社会化媒体的用户阅读行为和图书评论进行的图书营销效果追踪和利用，为出版商提供更加科学的决策依据。大数据在电子书服务中的地位和作用也日益显现。由于新冠肺炎疫情的影响，2021 年美国电子书消费进入超速状态，自 2019 年以来，电子书消费从 25% 上升到 30%，这一激增影响了图书馆，图书馆对电子书的需求不断增加②。根据 OverDrive 的数据，2021 年，全球顾客借阅了 5 亿件商品，创下新纪录。在美国各州和城市，电子书需求正在上升。例如，在马萨诸塞州，向 377 个州立图书馆的顾客提供数字资产的图书馆电子书和有声读物计划的需求攀升了 40% 以上③。

第二节　日本

20 世纪 80 年代，日本第一部电子书出版物问世。之后，经过三十多年的发展演变，凭借着互联网科技与数字化技术的快速迭代，日本电子书发展发生了革命性的重大改变。自 2008 年苹果 iPhone3G 手机在日本上市以后，日本的电子书网络书店也随之改变以适应新型终端，电子书在日本变得更加热销、瞩目。2010 年，在日本的"电子书元年"，日本出版社联合成立了 EBPAJ（日本电子书出版社协会），2011 年 EPUB3.0 得到应用，并成为日本电子书的主流格式。从 2013 年开始，随着日本影视动画与漫画单行本在世界范围内的火

---

①　Shipments of e-book readers worldwide from 2008 to 2016[EB/OL]. [2022-07-04]. https://www.statista.com/statistics/272740/global-shipments-of-e-book-readers/.

②③　2022美国图书馆协会白皮书:新冠肺炎第二年专题报告[J].图书情报研究,2022,15（3）:3-13,24.

爆，"漫画杂志 App"以其免费获取为制胜点又重回大众读者的视野，漫画杂志 App 的漫画下载量高达 1000 万部，掀起了新的电子书籍与电子杂志的消费高潮，完成了电子书的突破发展。此时，IT 技术公司也发现了电子书市场的巨大商机，纷纷投身于电子书市场。电子书经销商也针对刺激读者进行电子书消费推出各种各样的商业盈利策略。2014 年 6 月，日本通信运营商日本电信电话株式会社（NTT docomo）推出了《D 杂志》（*D Magazine*），该杂志实行的开放畅读付费模式相对于购买单本杂志在数量和价格上具有绝对的优势，读者仅需支付一点点费用就可以对近百种杂志进行无线阅读。在这一模式推出的一年间，*D Magazine* 就收获了 200 万的订购会员，到 2017 年 3 月底，会员已经达到 363 万。到 2018 年 12 月底，最新人气杂志出刊 170 期以上，包括过刊在内的电子杂志发行量超过 1200 册 [①]。

在计算机、非智能手机电子书市场规模增速滞缓，平板电脑和智能手机市场份额连年攀升的转型发展趋势影响下，传统的广播电视等媒体的持续发力促使电子书读者的规模得以扩大，线上书店及出版社营销优惠活动的推广带动了电子书平均购入量的逐步增长。同时，美国亚马逊公司针对 Kindle 定制的包月畅读服务也进入日本电子书市场，由于价格低廉，会员数量得到快速增长。随着电子书市场的快速发展，线下实体书店运营越来越艰难，日本政府为保证其生存，不得不介入指导并适当干预其经营方式，对电子书的销售造成了一定程度的影响。从电子书阅读终端的使用情况看，日本 MMD 研究所 2018 年面向全国电子书读者进行的"2018 年 8 月有关电子书籍利用的调查"数据显示，在面向全国男女读者共计 2093 份有效问卷中，有过电子书阅读经历的人群占比为 44.7%，没有电子书阅读经历的占比为 55.3%。而在有电子书消费经历的读者群里，从性别年龄倾向、电子书内容的偏好、电子终端平台的选择、电子书阅读的场所、选择电子书阅读的理由、读者消费意愿来看，不同年龄层次和性别人群，对于电子书的消费需求不尽相同。从电子书读者的年龄层次来看，IMPRESS 综合研究所在 2018 年对日本电子书读者满意度调查数据显示，使用电子书的读者随着年龄的增长呈现出下降的趋势。电子书阅读比例最高的小学生，阅读的电子书种类还是以电子漫画为主；

---

① 周文琳.日本电子书出版市场研究[D].南京:南京大学,2019.

电子书终端载体以智能手机为主。虽然电子书在日本的普及力度不够，但是相比于阅读的便携度和价格而言，电子书依旧存在巨大的提升空间，并且针对日本电子书消费者年轻化的迹象，面向少儿、青年的电子书读者市场具有更大的可供挖掘的商业价值。日本的《2021 年电子书商业调查报告书》显示，2020 年日本电子书市场规模达到 4821 亿日元，比 2019 年的 3750 亿日元增加了 1071 亿日元，涨幅为 28.6%。漫画一直带动整个电子书市场发展。《2021 年电子书商业调查报告书》显示，2020 年漫画市场规模比 2019 年增加了 1013 亿日元，达到 4002 亿日元，市场份额为 83.0%；文字形式的内容（如文艺类图书、实用图书等）市场规模比 2019 年增加了 72 亿日元，达到 556 亿日元，市场份额为 11.5%；在移动设备（包括智能手机和平板电脑）用户阅读电子书方面，2021 年 6 月移动设备用户的付费电子书阅读率为 20.5%，同比增长 0.5 个百分点。由于智能手机的使用率逐渐增长，电子书的阅读率也不断增长，电子书读者数量也在增加。由于新冠疫情暴发和居家隔离措施实施，漫画 App 的下载量、MAU（Monthly Active User，月活跃用户数）和用户使用时间不断增加[1]。但是新冠疫情也导致用户消费下降，选择免费电子书的用户增加。

然而，长期阻碍电子书发展的盗版侵权问题也在日本数字出版领域进一步加剧[2]。迄今为止，针对日本出版产业的法律保护和产业培养的政策相对较少。为了应对电子书盗版和培育健全的电子书出版市场，即使签订了书籍著作权方面的出版合同，专门针对电子化的书籍也必须重新签订相关合同。

第三节　韩国

1998 年，韩国最早的网络书店韩波书店（Han Baro Book）中出现电子书产品。1999 年，100 家出版社共同出资建立电子书流通和销售的书托邦网站

---

[1]　日本电子书市场规模扩大,漫画仍是读者最爱[EB/OL].[2022-10-24]. https://page.om.qq.com/page/OmKUj4qOkcUgEEAyPiQIwhVA0.

[2]　周文琳.日本电子书出版市场研究[D].南京:南京大学,2019.

（Book Topia）。直到 2005 年韩国大型书店教保文库（Kyobo Book）正式进军电子书市场，才标志着韩国电子书正式拉开帷幕。但是受电子书品种少、技术标准缺乏、读者阅读习惯等因素影响，韩国电子书市场从 2000 年到 2010 年并不活跃[①]。

目前，韩国有 9 家拥有电子书解决方案的公司（Ikio，Wise Book.com，Yes24，Book-topia，E-Book Solutions，Ever Book.com，EDU Books.com，HI，E-Book），其中 EDU Books.com 是为韩国学校的教科书专门设立的电子书公司，创建了 e-book 形式的教科书、参考书等教育用图书[②]。Ridibooks 是三星公司出身的裴基植在 2008 年设立的电子图书平台，初期以电子书下载和终端机销售为核心，此后随着网络小说、网络漫画等新事业的开展，企业价值急速增长。2022 年 1 月，韩国《每日经济》报道称：韩国信息技术业界和投行透露，新加坡政府投资公司（Government of Singapore Investment Corp，GIC）近日将韩国电子书籍排名首位的 Ridibooks 的企业价值设定为 1.5 万亿韩元，并决定在该企业上市前向其投资 1800 亿—2000 亿韩元，以提前确保 10% 以上的股份。Ridibooks 因此跻身"独角兽"企业行列[③]。

第四节　欧盟成员国

互联网已经成为数字出版行业的主要载体，以电子书、电子杂志和电子报纸为代表的数字出版产品作为数字服务的重要组成部分，对人们的日常生活产生了越来越大的影响。欧盟委员会推出创建欧盟统一数字图书馆网络入口的政策，使得成员国的电子书产业快速发展起来。2014 年发布的《全球电子书报告》显示，德国的电子书市场已经开始沿着类似于英语市场的曲线发展；西班牙的电子书市场呈现了爆发式增长；瑞典是数字化转型的早期行动者之一，图

① 刘忠波，李贞玉.韩国数字出版产业发展的战略布局与实施方式[J].出版科学，2017，25（5）：109-113.
② 吕菁华.韩国电子出版物的现状与问题分析研究[J].现代交际，2020（18）：77-81.
③ 韩国电子书籍排名首位的 Ridibooks 跻身"独角兽"行列[EB/OL].[2022-10-26].https://baijiahao.baidu.com/s?id=1723002534052976254&wfr=spider&for=pc.

书馆为读者提供非常多的电子书[①]。2017 年以来，电子书细分市场始终是欧盟数字出版行业中份额最高的，然而，欧盟各成员国的电子书发展非常不均衡。就互联网接入率而言，2020 年丹麦、德国、荷兰、瑞典都达到了 95% 以上，而保加利亚、希腊和罗马尼亚则都还不到 75%。新冠疫情导致的封锁也间接刺激了欧洲电子书的发展，在此期间，欧洲国家的电子书和有声书销售出现了大幅增长。2020 年 8 月第三周，德国数字发行商图书在线（Bookwire）和奥地利图书产业顾问吕迪格·维申巴特（Rüdiger Wischenbart）联合发布的研究报告指出，从 2020 年第十一周到第十九周的封锁期内，德国、奥地利和瑞士的电子书销量较此前增长了 26%，有声书下载量则实现翻番，涨幅高达 109%。封锁一结束，德国、奥地利、瑞士三国实体书店的销售立刻出现大幅反弹，电子书和有声书市场随即趋于平缓，但仍高出封锁之前的水平。研究表明，电子书市场的升温是全面的，不独言情和犯罪小说的销量大增，儿童和青少年读物及非虚构类图书也很畅销[②]。

在电子书政策方面，欧盟面临大量网络违法商品、服务和内容的销售，网络服务面临算法系统滥用、虚假信息传播扩大，以及欧洲以外的互联网巨头对欧洲市场的垄断等众多挑战，欧盟立法部门也与时俱进，颁布了一系列法律法规以应对电子书服务潜在的威胁和问题。数字出版商通过搭建数字平台，将内容推送到公众设备上为其提供电子书服务。然而这些数字平台因缺乏市场监管，随意抓取欧盟用户数据造成隐私泄露，针对这一安全问题，为保障消费者利益，欧盟发布实施《通用数据保护条例》（General Data Protection Regulation，GDPR）来规范电子书服务提供者的行为。面对非欧盟大型数字平台在欧盟市场影响力过大、压制欧盟企业发展的挑战，欧盟通过立法创建公平竞争环境，为本土企业提供生存土壤。欧盟出台的《数字服务法案》（Digital Services Act，DSA）和《数字市场法案》（Digital Mowket Act，DMA）致力于建立数字单一市场，保证市场公平竞争。为支持其他电子书经销商提供创新的产品和服务与亚马逊竞争，欧盟委员会还于 2015 年针对亚马逊的电子书业务

---

①　张莉,王俞欢.欧盟数字战略下的欧洲出版业[J].出版发行研究,2022（2）:80-88.

②　欧洲电子书销售大幅增长[EB/OL].[2022-10-24]. http://epaper.gmw.cn/zhdsb/html/2020-08/19/nw.D110000zhdsb_20200819_3-04.htm.

展开正式的反垄断调查。

第五节　中国

近年来，我国电子书发展迅速，电子书的数量、质量均有明显的提高，特别是网络文学发展迅速，2017 年网络文学市场规模达到 130.2 亿元，比 2016 年增长 44.2%。网络文学用户规模达到 3.78 亿，占网民总数的 48.9%。截至 2017 年 12 月，国内 45 家主要网络文学网站原创作品总量达到 1646.7 万种，其中签约作品达到 132.7 万；进行各种创作的写作者超过 1300 万人，签约作者达 68 万人[①]。随着原创网络文学的知识产权（Intellectual Property，IP）价值显现，网络文学越来越受到重视。2021 年我国数字阅读人均电子书阅读量 11.58 本，有声阅读 7.08 本，并基本养成了成熟的付费习惯。此外，54.32% 的用户对电子书产品表示满意，44.84% 的用户表示一般，并集中认为应注重改进内容质量、优化阅读体验，同时进一步打击侵权盗版、加强引导政策[②]。电子书正逐渐成为用户阅读的主要形式，同时，听书越来越受大众欢迎。电子书质量的进一步增强，需要社会各方协同努力，通过制定系列标准规范使电子书质量更上一层楼，以促进我国电子书市场持续健康发展。第十九次全国国民阅读调查结果显示，2021 年，我国成年国民包括书、报刊和数字出版物在内的各种媒介的综合阅读率为 81.6%，较 2020 年的 81.3% 提升了 0.3 个百分点；数字化阅读方式的接触率为 79.6%，较 2020 年的 79.4% 增长了 0.2 个百分点；在数字化阅读方式接触者中，60 周岁及以上人群占 7.2%，18~59 周岁人群占 92.8%[③]。数字化阅读处于缓慢增长阶段，覆盖人群也比较广泛。调查结

---

① 《2017—2018 中国数字出版产业年度报告》主报告 [EB/OL]. [2019-06-18]. http://www. cbbr.com.cn/article/123368.html.

② 2021 年我国数字阅读用户规模破 5 亿，同比增长 2.49% [EB/OL]. [2022-10-24]. https:// baijiahao.baidu.com/s?id=1731057264815451136&wfr=spider&for=pc.

③ 第十九次全国国民阅读调查发布：2021 年我国成年国民各媒介综合阅读率持续稳定增长 [EB/OL]. [2022-10-25]. https://content-static.cctvnews.cctv.com/snow-book/index.html?item_ id=8892066234375449336.

果显示，77.4% 的成年国民进行过手机阅读，人均每天接触手机时长为 101.12 分钟。32.7% 的成年国民养成了"听书"的习惯。人均电子书阅读量为 3.30 本 [1]。移动互联网发展迅速，智能手机逐渐普及，智能移动终端阅读体验改善明显，成为电子书阅读的主要平台。电子书阅读器产品理念由"以设备为核心"转变为"以内容为核心"，电子书内容提供商开始设计生产电子书阅读器。但统计数据反映出我国国民相比电子书阅读器更喜欢手机阅读，与美国的调查数据恰好相反。

　　我国从事电子书生产与服务的机构众多，2010 年新闻出版总署发布的《新闻出版总署关于发展电子书产业的意见》（新出政发〔2010〕9 号）中曾从产业链的角度将电子书生产和服务机构分为内容提供商、技术提供商、设备制造商和渠道运营商等，电子书产业链由内容原创、编辑加工、数字转换、芯片植入、平台投送、设备生产、市场销售和进出口贸易等环节构成 [2]。随着技术及政策环境的变化，内容提供商、技术提供商、设备制造商和渠道运营商的角色正在发生融合，同时提供内容和平台，成为电子书综合服务商。本书将从内容和终端（平台）两个方面分析我国电子书发展特点。

一、内容

　　内容是电子书发展的重要资源。近年来，我国电子书的数量增长迅速，质量不断提高，一批又大又强的内容提供商不断涌现。我国电子书内容产业呈现高速增长趋势，根据程三国先生提出的电子书分类概念，电子书 2.0 的市场规模远远超出电子书 1.0。相比传统图书在产业生态上有很大关联度的电子书 1.0 来说，用"数字阅读"这个概念来描述中国的电子书内容产业可能更为贴切 [3]。根据《2021 年度中国数字阅读报告》，2021 年中国数字阅读产业整体营

---

　　[1]　第十九次全国国民阅读调查发布：2021 年我国成年国民各媒介综合阅读率持续稳定增长 [EB/OL]. [2022-10-25]. https://content-static.cctvnews.cctv.com/snow-book/index.html?item_id=8892066234375449336.

　　[2]　新闻出版总署.新闻出版总署关于发展电子书产业的意见[EB/OL]. [2023-12-19]. https://www.nppa.gov.cn/xxfb/zcfg/gfxwj/201010/t20101010_4446.html.

　　[3]　杨佳，赵亮.从电子书到电子纸——由 Kindle 退出中国市场说起[J].竞争情报,2022（4）: 2-10.

收规模达 415.7 亿元，增长率达 18.23%，具体见图 3-1[①]。与美国电子书 1.0 市场相比，近年来，中国的数字阅读产业一直保持高速增长的趋势。

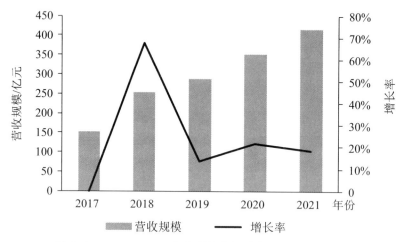

图 3-1　2017—2021 年中国数字阅读产业整体营收规模

数据来源:《2021 年度中国数字阅读报告》。

1. 电子书数量平稳增长

我国大力发展全民阅读，"全民阅读"连续写入政府工作报告，形成了良好的政策环境和社会氛围，电子书数量稳步增长。

随着版权意识的增强、出版商逐渐开放版权及图书 IP 的价值越来越受到关注，我国正版电子书数量增长迅速。2015 年 3 月，国家新闻出版广电总局批准中国音像与数字出版协会大众数字出版工作委员会成立。2015 年 12 月，中国作家协会成立网络文学委员会，对于推动正版电子书发展有重要的引导作用。中国主流移动阅读平台拥有的正版图书数量逐步增加，包括原创文学和传统电子出版读物在内。截至 2015 年第四季度，起点读书内容规模达 160 万册，位居行业榜首；QQ 阅读继续整合阅文集团的原创小说资源，内容规模达到 90 万册[②]。2015 年第四季度主要移动阅读平台电子书数量如表 3-1 所示。

---

① 2021 年我国数字阅读用户规模破 5 亿,同比增长 2.49% [EB/OL]. [2022-10-24]. https://baijiahao.baidu.com/s?id=1731057264815451136&wfr=spider&for=pc.

② 2015 全年中国移动阅读市场规模达 101 亿元[EB/OL]. [2016-04-05]. http://www.bisenet.com/article/201603/157707.htm.

表 3-1　2015 年第四季度我国主要移动阅读平台内容规模

平台名称	数量 / 万册	平台名称	数量 / 万册
起点读书	160.0	天翼阅读	35.0
QQ 阅读	90.0	沃阅读	25.4
网易云阅读	60.0	多看阅读	24.8
当当读书	45.0	爱阅读	22.4
咪咕阅读	45.0	塔读文学	20.0
掌阅	42.0	熊猫看书	14.0

近年来，我国电子书数量不断增加，中国音像与数字出版协会发布的《2021 年度中国数字阅读报告》显示[①]：截至 2021 年底，数字阅读上架作品数量约 3446.86 万部，相比 2020 年的 3103.6 万部，增长率为 11.06%。其中，网络文学作品约为 3204.62 万部，电子书约为 180.54 万部，其他作品约为 61.70 万部。

2. 网络文学影响力上升

近年来，我国网络原创电子书增长明显，成为电子书内容变化的最显著特点之一。政府十分重视网络文学的发展，2014 年 12 月国家新闻出版广电总局印发《关于推动网络文学健康发展的指导意见》的通知，指导规范网络文学的发展；2015 年 12 月，中国作家协会成立网络文学委员会；上海、重庆和杭州等建成了国家级数字出版基地，这些数字出版基地促进了网络文学、电子书的飞速发展；同时，针对网络文学、电子书的行业管理进一步健全，相关部门开展了对网络文学内容的不定期审读工作，同时加强了网站内容编辑、网站审核人员的业务培训和资质认定，规范了网络文学出版秩序。越来越多的传统文学作家也开始选择通过互联网发表作品，网络文学的社会认可度也在逐年提升，逐渐成为网民互联网应用的重要组成部分。

网络文学作品在内容主题、传播渠道、市场认同度等方面的影响力不断增强。随着网络文学作品内容的丰富和多样化，越来越多的优秀网络文学作品受到读者和下游的出版、影视、游戏机构的关注，线下出版社和文学网站积极合

---

① 2021 年中国数字阅读产业规模突破 400 亿 "视频化阅读" 成 00 后新趋势 [EB/OL]. [2022-10-28]. https://baijiahao.baidu.com/s?id=1730907631051361305&wfr=spider&for=pc.

作出版书籍，网络文学改编的电影、电视剧热播，市场反响热烈，网络文学成为最大的 IP 源头[①]。

2021 年，数字阅读上架作品数量约 3446.86 万部，其中，网络文学作品约为 3204.62 万部，占整个数字阅读上架作品数量的 93%。

3. 内容提供商做大做强

在我国电子书阅读市场快速发展的背景下，腾讯、百度、京东等互联网公司都高调介入电子书市场。拥有生产网络文学作品版权的网络文学网站（如起点中文网、创世中文网、纵横中文网、17K 小说网等）具有一定的内容优势，其中大部分网站也代理传统出版社的数字版权，加之互联网公司的介入，电子书内容提供商逐渐做大做强，演变成电子书内容集成商，同时提供电子书阅读终端（平台）。其中最为著名的是阅文集团和中文在线两家内容提供商。

2015 年 3 月，腾讯文学和盛大文学联合成立了阅文集团。腾讯文学拥有作品总数近 200 万部，包括文学、社科、教育、时尚等题材，基本覆盖了数字阅读的所有产品线。盛大文学作为中国最早且最大的网络文学平台，运营起点中文网、红袖添香网、小说阅读网、榕树下、言情小说吧、潇湘书院和晋江文学城等原创文学网站，天方听书网和懒人听书两家有声读物网站，签约多名一线作家，是重要的电子书内容提供商[②]。合并成立后的阅文集团拥有 1000 万部作品，400 万名创作者[③]，内容涵盖了网络文学、传统出版物数字出版等主要数字阅读产品，形成了跨互联网、移动互联网的完整产品线，产品触达 6 亿用户，占据 90% 的国内 IP 改编市场份额。阅文集团 CEO 吴文辉表示，2016 年阅文将进入 "内容连接 2.0" 时代——全体验入口、全内容引入、全场景覆盖、

① 2018 年网络文学行业报告[EB/OL]. [2024-04-05]. https://wenku.baidu.com/view/e64f3af80ba1284ac850ad02de80d4d8d15a0189.html?_wkts_=1724813444178&bdQuery=2018%E5%B9%B4%E4%B8%AD%E5%9B%BD%E7%BD%91%E7%BB%9C%E6%96%87%E5%AD%A6%E8%A1%8C%E4%B8%9A%E6%8A%A5%E5%91%8A.

② 中国移动阅读市场年度综合报告 2015[EB/OL]. [2023-10-18]. https://www.analysys.cn/article/detail/8872/.

③ 中国移动阅读市场年度综合报告 2016[EB/OL]. [2023-10-18]. https://www.analysys.cn/article/detail/1000163/.

全正版支持，计划成为满足各类别阅读人群需求的全内容阅读平台[①]。

2015 年 1 月，中文在线在深交所创业板上市，成为我国"数字出版第一股"。中文在线的定位为"全球领先的中文数字出版机构"。中文在线电子书平台拥有数字内容资源超过百万种，签约版权机构 600 余家，签约知名作家、畅销书作者 2000 余位，驻站网络作者超过 100 万名，尤其在经典严肃文学方面拥有莫言、二月河、周梅森等作家作品的独家信息网络传播权[②]。中文在线从机构、作家等多个方面解决了内容来源和版权问题。

成立于 2008 年 9 月的"掌阅"，专注于移动端数字阅读领域，并于 2017年 9 月在上交所主板上市。掌阅是移动阅读领域的领导企业，业务方向以自有移动阅读平台为核心，向硬件产品、原创内容及音频衍生等拓展，并积极布局海外市场，参加多个海外展览（美国、韩国、印度、新加坡、马来西亚、德国等），将优质的华语内容通过数字阅读方式向世界展示。掌阅不断积累用户和优质作品，使其成为公司在移动阅读领域的核心竞争力。在用户方面，掌阅的累计注册用户数量已超过 6 亿，月活跃用户数超 1 亿。作品方面，拥有图书数字版权 50 万余册，优质重磅书覆盖率达 70%，为全球 150 多个国家和地区的用户提供高质量电子图书内容和优秀的用户阅读体验[③]。

近十年来，我国电子书相关企业注册数量持续增长，增速维持在 10% 以上。其中，2019 年，新增电子书相关企业超过 670 家，增速达到 29%；2020年，新增相关企业超 450 家，增速为 15%[④]。

二、终端（平台）

我国电子书服务终端（平台）众多，腾讯、阿里、百度等互联网巨头，中文在线、盛大文学等传统数字阅读品牌，以及三大电信运营商、汉王等电子

①　阅文集团定义"内容连接 2.0"时代[EB/OL].[2019-06-18].https://epaper.gmw.cn/gmrb/html/2016-04/06/nw.D110000gmrb_20160406_11-09.htm.

②　中国移动阅读市场年度综合报告 2016[EB/OL].[2023-10-18].https://www.analysys.cn/article/detail/1000163/.

③　2018 年网络文学行业报告[EB/OL].[2023-10-18].https://www.163.com/dy/article/DA51P0R705119C3G.html.

④　世界读书日，我国电子书相关企业超 2700 家，广东最多[EB/OL].[2022-10-27].https://baijiahao.baidu.com/s?id=1697727708431840865&wfr=spider&for=pc.

书阅读器制造商、京东等电商等都搭建了自己独有的电子书阅读平台。2010年以来，智能移动终端迅速普及，移动互联网用户快速增长，涌现大量阅读App，削减了电子书阅读器的销量，三大电信运营商完成阅读产品布局，互联网巨头重点发力移动阅读，智能移动终端正成为数字阅读的主要入口。

1. 移动阅读终端

截至 2020 年 3 月，我国阅读网络文学的用户规模达到 4.55 亿人，较 2018 年末的 4.32 亿人增加 2337 万人，网民使用率为 50.4%[①]。其中，使用手机进行网络文学阅读的用户规模为 4.53 亿人，较 2018 年末的 4.10 亿人增加 4283 万人，手机网民使用率为 50.5%[②]；可以看出绝大多数的移动阅读用户是使用手机来进行阅读的。2019 年我国移动阅读市场规模达 204.9 亿元，同比增长 22.4%[③]。使用手机进行阅读的用户远远超过使用 PC 阅读的用户，移动阅读已经成为用户阅读的重要方式。在用户黏性方面也比较高。近年来，国内移动阅读市场入局者越来越多，内容行业动作频频。不仅有阅文集团、掌阅文学、书旗、咪咕阅读等行业老手，近期还涌现了米读小说、连尚文学等以免费阅读App 入局的新兴选手。其中，阅文集团以 25.2% 的市场份额排名第一，掌阅文学、书旗分别以 20.6% 和 20.4% 的市场份额位列二、三位，市场格局相对稳定[④]。

目前主要移动阅读终端 App 均支持 iOS 和 Android 等主要移动操作系统。在电子书格式方面，全面支持 EPUB、PDF、TXT、WORD、HTML 等主流电子书格式。在电子书内容方面，均有各自的内容集团或内容合作伙伴提供内容支持，其中 QQ 阅读的阅文集团电子书数量居首位。移动阅读终端 App 一般也支持用户导入自己拥有的电子书，导入方式包括直接导入、Wi-Fi 传输、云盘导入等。在服务方式方面，各移动阅读终端 App 均有一定数量的免费图书，同时提供按本、按篇、包月、包年、打赏等方式付费的图书，可以满足不同用户的需求。用户支付方面也普遍支持支付宝、微信支付等第三方支付方式，方

---

①② 2020 年中国网络文学市场现状及市场规模预测分析[EB/OL]. [2022-10-27]. https://baijiahao.baidu.com/s?id=1677351802107302746&wfr=spider&for=pc.

③④ 2020 年中国手机阅读行业市场前瞻分析　移动阅读市场规模达204.9亿元[EB/OL]. [2024-08-06]. https://it.chinairn.com/news/20200721/17394154.html.

便用户充值。在用户体验方面，在已有书签、笔记等功能的基础上，各移动阅读终端 App 陆续推出云书架、语音朗读、护眼模式、仿真 3D 翻页等功能，提高用户体验及产品价值。各移动阅读终端均通过各自的全产品线用户和 App 横向调用，扩展移动阅读用户数量和黏度。例如，QQ 阅读与腾讯门户、手机 QQ、QQ 空间和微信的腾讯产品共享用户，用户数量稳定。2018 年第三季度掌阅 iReader 的月活跃用户为 7888.28 万人，排名第一，其次便是 QQ 阅读，月度活跃用户 5136.58 万人。

移动阅读终端 App 的兴起和普及，与移动互联网的快速发展，智能手机和平板电脑逐渐普及，以及手机上网速度提高、流量成本下降是紧密相连的。目前，移动互联网应用仍在不断发展和创新，网络质量仍在不断优化，流量成本仍有下降空间，可以预测移动阅读将继续占据数字阅读主要地位。

2. 硬件终端

电子书阅读的硬件终端主要是电子书阅读器。2007 年亚马逊公司发布 Kindle 阅读器后，我国曾经迎来电子书阅读器高速发展的阶段。2010 年国内有汉王、方正、翰林、易博士等 40 余家厂商生产电子书阅读器（电纸书），并建立了电子书平台，提供电子书下载阅读。2010 年末，汉王科技对媒体宣布，其电纸书的用户数量成功突破 100 万大关[①]。随着 iPad 的出现，以及我国电子书阅读器厂商面临的电子书版权困境，2011 年开始我国电子书阅读器发展遭遇困境，电子书阅读器市场出现下滑。

2013 年 Kindle 正式进入我国，由于其电子书版权授权正规，内容丰富，质量较好，获得我国用户的欢迎。这一时期，电子书阅读器相关硬件技术发展迅速，处理器速度、存储容量均有所提高，开放的 Android 操作系统对电子书阅读器类产品较为适用，软硬件技术的发展整体提升了电子书阅读器的性能。技术的发展既降低了硬件设备生产的门槛，也改善了用户体验。同时，我国电子书数量增长迅速，内容提供商掌握了较多电子书资源，陆续推出了一系列新的电子书阅读器产品。2015 年掌阅 iReader 推出第一款电子书阅读器，积

---

① 谢冰.汉王科技电子书现状与问题研究[D].兰州：兰州大学,2014.

极扩大 iReader 品牌影响，延长产业链，完善数字阅读生态圈[①]。2016 年掌阅推出第二代电子书阅读器 iReader Plus。同时，京东在自家的众筹平台上推出 JDRead 电子书阅读器；当当推出国文电子书阅读器；QQ 阅读积极推出电子书阅读器，以期补齐全场景阅读中最重要的硬件一环，但是遗憾的是该款名为"口袋阅"的电子书阅读器已经停止运营；2020 年，科大讯飞推出史上首款彩色电子书阅读器，解决了传统电子书阅读器只能黑白两色这一问题，阅读器内置当当读书、咪咕书城、讯飞书城、腾讯书城等海量图书，支持阅读 Office 文档、腾讯新闻、公众号摘录文章、百度网盘等网盘内容，支持导入各种格式的本地图书。阅读的同时可以在界面中批注，写读书笔记，方便快捷，支持语音朗读[②]。早在 2019 年，小米就亮相了自家首款多看电纸书。时隔多年，小米多看电纸书也经过了数次的迭代升级。2022 年 3 月，小米多看电纸书 Pro Ⅱ 正式发布。它不仅内置了一贯以来的多看阅读、微信读书，还自带了京东读书与掌阅精选。你想看的书，在小米多看电纸书 Pro Ⅱ 上几乎都能找到。并且，小米多看电纸书 Pro Ⅱ 还支持多种书库导入方式，无论是 TXT、PDF，或者是 DOC、Excel，甚至是 PPT 均可轻松导入[③]。由于运营成本过高，以及国内电子书市场的巨大变化，亚马逊于 2023 年 6 月 30 日停止 Kindle 电子书店在中国的运营，正式退出中国市场。同样，国内很多电子书阅读器都被迫停止运营或者边缘化，如京东和当当电纸书。

第十九次全民阅读调查报告数据显示，2021 年我国有 8.4% 的成年国民在电子书阅读器上阅读[④]。2010 年以来，尽管电子书阅读器市场变化不断，但使用电子书阅读器阅读的国民比例保持稳定并略有上升。在"All in one"（多合一）的智能手机和平板电脑趋于普及的时候，依托海量资源和较好硬件性能的

---

① 中国移动阅读市场年度综合报告 2016[EB/OL]．[2023-10-18]．https：//www.analysys.cn/article/detail/1000163/.

② 科大讯飞电子书阅读器 [EB/OL]．[2022-10-27]．https：//baike.baidu.com/item/%E7%A7%91%E5%A4%A7%E8%AE%AF%E9%A3%9E%E7%94%B5%E5%AD%90%E4%B9%A6%E9%98%85%E8%AF%BB%E5%99%A8/60023068?fr=Aladdin.

③ 旧瓶装新酒？响应速度翻倍提升，小米多看电纸书 Pro Ⅱ 正式开售[EB/OL]．[2022-10-27]．https：//baijiahao.baidu.com/s?id=1728617130844001405&wfr=spider&for=pc.

④ 中国新闻出版研究院发布第十九次全国国民阅读调查结果[EB/OL]．[2022-10-27]．https：//baijiahao.baidu.com/s?id=1730886291701266733&wfr=spider&for=pc.

新电子书阅读器能否重新成为电子书阅读的热点，还有待观察。

3. 电商电子书平台

在我国，当当、京东等经营图书的电商平台也已经搭建了电子书平台，推出了当当读书、京东阅读等移动阅读终端 App 及当当国文电子书阅读器和 JDRead 电子书阅读器。2015 年第四季度，当当以 43.8% 的市场份额占据线上纸质图书零售商首位，其销售的电子书主要以纸质出版物的电子版为主，拥有 35 万册正版出版物数字版权[①]、高质量外文原版数字资源和优质动漫及绘本资源。当当正在建设自出版平台，为网络文学作者提供纸书出版、电子书出版及微出版服务。当当的电子书平台是一种纸电联动的模式，京东的电子书平台也基本符合这种模式，这是我国电商电子书平台的一个显著特点。

然而，我国传统出版行业资源较为分散，为市场提供的数字版权内容数量和质量还远远不能满足用户的需要，出于利益分割的考虑，甚至在数字版权方面还有诸多限制，且用户付费习惯还未普遍形成。因此，当当等电商在数字阅读领域未得到犹如美国亚马逊式的发展，市场占有率还相对较低。有分析人士认为，未来较长时间电商平台都不会成为中国数字阅读产业链的主流渠道[②]。

三、存在的问题

我国电子书发展迅速，电子书数量、质量、用户均有显著提高，特别是移动阅读发展迅猛并逐渐成为数字阅读的主要形式。在电子书繁荣发展的同时，也必须看到电子书发展中还存在一些问题，主要表现在以下几个方面：

1. 优质内容仍需进一步丰富

我国数字出版产业发展迅速，但数字出版的数量和质量还有待提高。由于利益博弈，一大批优秀作品还没有进行数字出版，或者数字出版后授权范围有限，影响了传播和利用。网络原生电子书，特别是网络文学的质量仍然有待提高。网络文学的内容题材仍以武侠小说、玄幻仙侠和都市小说等为主，为了获得点击率，部分小说内容甚至低俗、打内容审核的擦边球，而反映优秀传统文

[①]　中国移动阅读市场年度综合报告 2016[EB/OL]. [2023-10-18]. https://www.analysys.cn/article/detail/1000163/.

[②]　中国移动阅读市场年度综合报告 2015[EB/OL]. [2023-10-18]. https://www.analysys.cn/article/detail/8872/.

化和社会发展主旋律题材的内容较少。优质内容是电子书发展的核心，我国电子书发展仍需进一步丰富题材种类、提高内容质量。

2. 电子书服务平台同质化严重

数字阅读平台，特别是移动阅读终端 App 同质化严重。各终端功能、服务模式、用户体验等方面基本相同。随着内容提供商之间开始横向合作，这些终端 App 在内容方面也十分相似，远未形成差异化发展格局。缺少满足用户个性化需求的功能，缺少对用户行为分析基础上的图书推荐和创新性服务方式，缺少高质量的精品阅读和高端阅读社区，各移动阅读终端 App 的社交互动不够，阅读体验性差，用户黏性不足。

3. 公共文化机构电子书服务能力较弱

公共文化机构，如图书馆等，在引导全民阅读、建设学习型社会方面具有不可替代的作用。目前公共文化服务机构提供的电子书数量较少、内容陈旧，提供的电子书服务模式单一，用户体验简单，与商业机构提供的电子书服务相比，用户吸引力和用户黏度较差。社会公众对公共文化机构的电子书服务期望值很高，在数字阅读高速发展的时代应该加快改变公共文化机构电子书服务能力较弱的局面。

第四章　国内公共图书馆电子书服务典型案例

第一节　国家图书馆

一、数字阅读服务内容资源

1. 自建馆藏特色资源库

秉承传承和弘扬中华优秀传统文化的宗旨，国家图书馆依托宏富的馆藏特色文献，通过扫描、识别、采集等数字化技术开发建设了大量特色资源。实体馆藏数字化的资源包括民国文献、地方文献、古籍特藏等多类资源，涉及三维物品、纸本文献、缩微胶片、音像资料四类载体，展现了殷墟甲骨、善本古籍、古代舆图、名家手稿、馆藏年画等馆藏珍品，建成了馆藏地方志数字化资源库、馆藏甲骨实物与拓片数字化资源库、民国中文期刊数字化资源库、民国图书数字化资源库、馆藏年画数字化资源库、馆藏西夏文献数字化资源库、音视频数字化资源库等一批馆藏特色资源库[1]。

2. 自建专题、知识库

专题、知识库是深入挖掘并集成的馆藏特色资源。通过网络资源采集、征集、购买等多种方式，获取一定主题的相关图书、手稿、音视频、年画等珍贵馆藏资源，通过专业化的知识组织与整合，制作成集合多样文献资源的主题鲜明的专题或知识库。比如"中国记忆"专题、中国战"疫"记忆库及"图书馆记录下的微博十年"专题库。

---

[1]　张琳.国家图书馆数字资源建设实践与思考[J].河北科技图苑,2021（3）:26-31.

3. 自建电子图书资源

国家图书馆自建的电子图书资源主要是公共版权领域的电子图书，主要通过移动端对外提供服务。所谓公共版权领域，是指作品经过法律规定的 50 年或 70 年的保护期后进入公共领域，成为人类共同财富，任何人可以自由使用，包括转换、改变、复制等商业性和非商业性使用[①]。

4. 合作共建资源

国家图书馆积极开展与国内外相关机构的合作，先后开展法藏敦煌遗书、东京大学东洋文化研究所汉籍全文影像数据库、中华寻根网、哈佛燕京图书馆馆藏中文善本特藏资源数字化等项目，实现珍贵文献的数字化回归。项目资源由合作双方共同开发，资源建设成果也由双方共享。2015 年，国家图书馆启动"海外中华古籍调查暨数字化合作项目"，在该项目的引领下，法国国家图书馆馆藏《圆明园四十景图》和 5300 号敦煌文献，大英图书馆、英国阿伯丁大学图书馆和牛津大学波德利图书馆馆藏《永乐大典》等一批珍贵文献以数字化形式实现了回归[②]。国家图书馆还与地方馆联合或合作建设了大量的地方特色资源；同时，国家图书馆也与龙源期刊网、博看期刊网等资源建设单位开展了合作尝试，既提高了以上期刊的资源阅读量和社会影响力，也为国家图书馆用户提供了更多积极向上的优秀资源。

5. 外购资源

外购资源是国家图书馆数字信息资源的重要组成部分，目前面向用户提供约 250 个商购数据库的访问，包括电子图书、电子期刊、电子论文、电子报纸、音视频、标准专利、工具书和少儿资源八大类。外购资源进一步丰富了资源总量，为用户提供了更完善的服务。

二、数字阅读服务平台建设

读者云门户（http://read.nlc.cn/user/index）网站（见图 4-1）是国家数字图书馆资源服务的重要阵地和窗口平台，汇聚了国家图书馆自建资源、外购资源

---

① 苏明忠,冯红娟.图书馆移动资源建设及服务探析——以国家图书馆为例[J].图书馆学研究,2013（15）:50-53.

② 张琳.国家图书馆数字资源建设实践与思考[J].河北科技图苑,2021（3）:26-31.

及与地方图书馆联合建设和合作建设的资源，内容涵盖图书、论文、期刊、音视频等。网站不仅提供数字化资源的在线阅读（播放）服务，还提供特色资源检索、文津搜索、OPAC（Online Public Access Catalog，联机公共检索目录）检索三大检索的一站式访问，此外，还为用户提供了各类专题资源、活动资源、读者指南等服务入口。

图 4-1　读者云门户网站首页

平台对馆藏自建资源进行科学组织和分类展示，提供中文图书、博士学位论文、民国时期文献、音视频、少儿资源、古籍资源、地方馆资源等多种类型资源的在线阅读服务，也汇聚了所有外购资源库，包括期刊、图书、论文、报纸、音视频、标准专利、工具书、少儿资源等八大类，为用户提供方便快捷的资源库访问通道。为方便用户使用资源，平台继承了特色资源和馆藏目录，文津搜索提供统一化检索，提供馆藏数字化资源的检索、馆藏实体文献资源的检索和借阅、自建和外购资源统一的元数据搜索服务。

国家数字图书馆移动阅读平台（见图4-2）是数字图书馆推广工程推出的服务形式，由国家图书馆联合全国各地公共图书馆借助数字图书馆推广工程、面向全国范围的认证用户推出的手机公益阅读服务。平台的图书都是公益阅读，免费向全国用户开放。

图 4-2　国家数字图书馆移动阅读平台页面截图

国家数字图书馆移动阅读平台定位为公益阅读，集合海量正式版权的电子图书、期刊，基于浏览器的服务形式，集搜书、评书、看书、藏书于一身，采用基于 App 的设计风格，为拥有多种操作系统的智能手机、平板电脑等移动终端用户提供知识化、个性化、区域化的移动服务，实现了用户的随时随地随身阅读。阅读平台包括 5 万余册图书、300 余种期刊、18000 余集听书及文津经典诵读资源，以及各公共馆的特色数字资源。

栏目：平台将图书资源按照最贴合用户阅读习惯的分类法进行分类，用户可轻松从文学、社科、教育、历史、纪实、传记、体育、生活、经管、职场、军事、科幻、影视、刊物等 14 个类别中挑选自己喜欢的电子资源。

专题：为满足用户丰富的知识化需求，平台深挖资源，配以文字和图片，定期推送专题，如 "春天的敲门声" "情人节，带你感受爱情的美好" "开启新年阅读之旅" 等。

此外，平台还拥有更新图书订阅及点击排行、猜你喜欢功能，定期推荐新书及畅销图书，为用户选书提供参考，打造属于用户的个性阅读。

第二节　上海图书馆

上海图书馆于 2009 年开始向公众提供电子书服务，还向公众提供电子书阅读器外借服务，2010 年 7 月开通了新浪微博平台，同年 9 月又在国内图书馆中率先推出了手机移动 App。在这之后，上海图书馆还向公众推出了市民数字阅读 App，拥有上海图书馆借阅证的用户可以登录市民数字阅读 App，从阅读平台上获得大量的电子书资源。读者在进行阅读的同时，可以应用笔记、书签、翻译等功能。另外，用户在阅读书籍的时候还可以与其他用户进行交流和互动，与其他用户分享自己的读书心得。

一、数字阅读服务内容资源

上海图书馆在电子书内容建设方面，主要采取外购的方式，如方正阿帕比电子图书数据库、汇雅电子图书数据库等，也有自建的特色数据库，比如上海年华、上图电子报纸导读等数据库。其中外购数据库大多限制在馆内使用，即使允许远程访问，也需要使用用户名和密码登录，才可访问相应的资源。相反，自建数据库的资源使用门槛相对来说就低很多，任何人在任何地点都可以随意访问。2016 年上海图书馆以少儿图书馆为切入点，引入了 OverDrive 少儿电子书，其中包括电子书和听书。

上海图书馆数字阅读资源主要集中在其微信公众号微阅读和市民数字阅读网站及 App 中。上海图书馆微信公众号微阅读中的每周推荐共有 135 期数字资源，每期都有一个主题，例如，第 133 期的主题是"我能想到春天里最浪漫的事，就是和你一起读诗"，每一期有 5—8 本书籍[①]。另外，上海图书馆微信公众号"微阅读"其他资源中还提供了许多音频，包括不同类别的少儿英文电子书，以及 3 万多集独家有声读物资源和大量优质原创有声小说资源。市民数字阅读网站及 App 中的数字资源由 OverDrive、新华 e 店、超星等 8 个资源厂商提供，包括文学、经济管理、艺术等 6 个类别 26 万多种电子图书、1600 多种电子期刊和 11000 多种网络文学。

二、数字阅读服务平台建设

在服务方式上，上海图书馆提供多种形式的电子书服务，覆盖了 PC 端、手机端和电子书阅读器。2009 年，上海图书馆在全国图书馆业界首次尝试推出电子书阅读器外借服务，提供外借的电子书阅读器能够下载和储存数千种电子读物。2011 年 11 月，上海图书馆引进盛大"锦书"阅读器，预装 101 本电子书（免费的 100 本＋付费的 1 本），用户也可以自行登录盛大云中书城更换、下载电子书，与盛大云中书城合作推出类似亚马逊的电子书借阅模式。此外，上海图书馆购买盛大文学网站包括正在连载的网络文学在内的几十种付费电子书，首次将网络文学引入公共图书馆服务。电子书阅读器外借服务与借阅纸质书相似，持有上海图书馆读者证的用户可以借阅，每位用户一次可借阅一台电子书阅读器，借阅期限为 28 天，不可续借，可以网上预约，占用相关外借功能一册书的外借限额。迄今为止，上海图书馆提供汉王、盛大、易博士等品牌的多种机型的电子书阅读器外借服务，并提供原道、台电、苹果三种品牌的平板电脑外借服务。

打开上海图书馆官网，电子图书显示在首页，用户可以通过检索直接查

---

① 李永红.公共图书馆移动阅读服务研究——以上海图书馆为例[D].湘潭:湘潭大学,2018.

找电子书。另外，在电子图书页面，按照中文和外文形式显示了可访问的电子书数据库。上海图书馆还在 2011 年启动了上海图书馆"市民数字阅读网站"建设工作，上海图书馆的用户只需输入读者证号和密码便可登录体验。用户选择"网络文学"板块，可将读者证与盛大通行证捆绑，免费借阅云中书城中需要付费阅读的内容。每位用户设定 3 部图书、7 天借阅期和复本限制。"市民数字阅读网站"至今已经发展到 4.0 版本，支持任何智能手机、平板电脑以浏览器方式自由阅读，可以自动适配手机访问。另外，专门开发有基于 Android/iOS/Windows 的"云中上图"移动应用。这种合作模式形成了"B to L（Libiary，图书馆）to C"的架构，也是图书馆利用外部平台为用户提供电子书服务方式的尝试，这在一定程度上节省图书馆的人力、物力，是图书馆电子书服务的一种创新。

2015 年，上海图书馆上线"微阅读"品牌，与上海交通大学出版社、上海人民出版社、上海译文出版社等知名出版机构及中文在线、诚品读库、易阅通等电子书平台商合作，提供 2 万余本在授权期限内的电子图书，更开设"每周推荐"栏目，精选好书一目了然。

2021 年，上海图书馆将大数据、人工智能、云计算等互联网技术与图书馆服务有效结合，推出电子图书个性化推荐服务。用户在使用手机扫码借书时，可通过手机端点击推荐的电子书封面直接前往阅读，改变了借书设备原先单一的服务功能，实现从"纸"到"智"，从"借"到"荐"的服务转型。

第三节　深圳图书馆

一、数字阅读服务内容资源

为丰富市民的精神文化生活，免费享用政府文化福利，以阅读助力抗"疫"，深圳图书馆注重加大馆藏数字资源的建设力度，多措并举为市民读者提供了丰富的数字资源，目前提供服务的数字资源库为 93 个，600 余万册（件）本地电子文献，内容涉及人文、经济、科学、法律等各个领域，涵盖学术期刊、学位论文、会议论文、专利标准、研究报告等资源类型。其中，自建数据库 12 个，包括"深圳记忆"专题数据库、"深图视听"读者活动库、深圳图书馆古籍数字平台等；整合 QQ 阅读、云图有声数字图书馆、龙源期刊网、MET 全民英语等 24 个数据库，可通过移动端访问。新增采购"喜马拉雅·VIP 畅听""掌阅精选"等数据库，为市民读者提供更为丰富的阅读体验。

二、数字阅读服务平台建设

在服务平台建设方面，深圳图书馆通过新媒体矩阵平台多维度、全方位向市民推荐精选的电子图书和数据库资源，送上免费的文化福利和精神食粮，助力市民在家"云阅读"。横向矩阵包括深圳图书馆官方网站、微博、微信公众号、视频号、小程序、抖音、B 站及电子阅读机、瀑布屏等；纵向矩阵是基于平台产品线的多层布局，比如微信服务号、订阅号、视频号、小程序等，涵盖八大平台十一个入口。2023 年，深圳图书馆全媒体服务矩阵拓展升级，微信、微博等新媒体平台关注用户数累计 236 万，读者通过微信利用图书馆服务达 937.54 万人次、5274.69 万页次，微博阅读量达 1.14 亿人次[①]。

市民读者可通过电脑端登录深圳图书馆网站，"数字资源"栏目包含图书、期刊、报纸、音视频、数据事实、学位 / 会议论文、专利标准、古籍等各类型数据库，点击"访问入口"即可轻松获取，可馆外访问的资源达 97%。

通过移动端关注深圳图书馆微信订阅号、"深圳图书馆｜图书馆之城"微信服务号，点击"资源"菜单中"手机阅读""数字图书馆""喜马拉雅·VIP 畅听"栏目，轻松、免费、便捷获取深圳图书馆数字资源。其中电脑端"手机阅读"栏目菜单，看书、听书、期刊、学习、音视频，应有尽有。

"深圳图书馆数字阅读馆"小程序，支持一站式访问优质数字资源，整合 QQ 阅读、云图有声数字图书馆、龙源期刊网、MET 全民英语等 13 个数据库，收录 28 万余册电子书、6 万余册期刊、22 万余集音频和近 3 万集视频资源。

---

① 五个"新"——《2024 年深圳"图书馆之城"阅读报告》发布！[EB/OL]. [2024-08-19]. https://baijiahao.baidu.com/s?id=1797114977793033467&wfr=spider&for=pc.

第五章　公共图书馆电子书服务模式

第一节　总体概况

公共图书馆应该在深度挖掘图书馆馆藏资源的基础上，将元数据与对象数据进行有效链接和组织，在技术框架的支撑下，构建一套统一调度、高效检索及多终端揭示服务的电子书服务体系。这个服务体系通过互联网、移动互联网、广播电视网等渠道，为党政军机构、普通公众、特殊群体公众（残疾人、留守儿童等）提供立体化、智能化、全方位的移动化电子书服务。图书馆的电子书建设，采用比较普及的开放格式，需要对来自不同出版商、不同数据库、不同服务平台的电子书进行有效整合，进而扫除阅读障碍，优化用户体验；图书馆的电子书版权保护，以适度保护为原则，以技术手段为方法，保护数字化内容的知识产权，建立、健全科学明晰、有效的数字版权保护体系，实现图书馆与作者、出版商的利益保护，保障用户的合法使用权利；图书馆的电子书服务，基于信息技术的支撑，实现线上线下活动联动，实现线下纸质图书与线上电子书的关联，为用户提供从现实世界到虚拟世界的无缝服务链接；图书馆的电子书运营，要与作者、出版商及电子商务卖家等建立分工合作、优势互补、互利共赢的市场化、商业化的经营模式，共同推动图书馆电子书产业的发展。

由前面章节可以看出，与商业电子书服务相比，我国公共图书馆电子书服务仅停留在摸索尝试阶段，又各自为政，同时受到经费、版权等制约因素的影响，尚未形成固定的成熟模式，无法在行业内大范围地开展适应用户需求的电子书服务，进而无法更好地履行图书馆倡导全民阅读的社会教育职责。

本书认为，公共图书馆电子书服务的提供主体是公共图书馆，所以其服务模式应该区别于商业电子书服务，要体现公共图书馆的特色。同时，还应该汲取商业电子书服务中的可借鉴之处，公共图书馆与商业电子书提供商开展合作，形成优势互补。

本章将对公共图书馆电子书服务模式中涉及的电子书建设及服务主体、服务对象、服务渠道、服务方式、服务支撑和服务评价等几个方面进行详细探讨。

第二节　服务主体

一、多元化的电子书馆藏建设模式

图书馆电子书馆藏建设应该在确保版权明晰的基础上，兼容多种来源，不仅包括图书馆自建馆藏特色的数字化资源，还可以与第三方内容提供商深度合作，采用购买、共建的形式扩充电子书馆藏，同时从全国图书馆征集，接受海外图书馆（如美国哈佛大学图书馆、日本东京大学图书馆）、社会组织或个人赠送也是图书馆扩充其电子书馆藏的重要手段。因此，图书馆电子书馆藏建设从来源渠道和建设主体上呈现出多元化特点，这也在一定程度上满足了读者阅读需求的多元化趋势。然而，随着图书馆电子书建设和服务中商业机构和社会组织参与程度的加深，也暴露出如下一些问题。

- 内容提供商以内容为核心追求资源的多元化发布和服务，终端厂商以硬件设备为核心加强资源模式运作，两者相互排斥又相互合作，无法实现收益的均衡。

- 出版集团虽掌握了完整的资源版权，但发展尚未成熟，尤其是大型出版社市场份额与其地位严重不匹配，在市场竞争中话语权不够。

- 图书馆拥有丰富的馆藏资源，为读者提供了线上、线下多元化的服务方式，但是图书馆缺乏对资源版权的控制，对新技术、新服务模式的探索相对滞后。

- 社会组织在一定程度上推动了图书馆服务模式的创新，但是面临合法性、信任和资源缺失及能力不足等问题。

由此可见，无论是商业机构、社会组织还是图书馆都无法完全独占电子书市场，承担电子书的建设及服务工作。图书馆作为社会文明的守护者，作为公共文化的建设者和推动者，应在政府相关政策的支持下，在相关法律体系的保障下，以国家数字图书馆工程和数字图书馆推广工程为依托，积极开展与商业机构和社会组织的合作（如图5-1所示），共同推动公共数字文化服务体系的建设。商业机构在图书馆公共服务中扮演着内容提供者、技术支持者的角色；社会组织在图书馆公共服务中扮演着服务监督者、价值倡导者、沟通平台和服务指导者的角色。因此，图书馆电子书馆藏建设模式应在读者需求驱动下，结合图书馆员的专业特长，积极开展与第三方机构的合作，充分发挥商业机构的技术能力和资金优势，在版权许可的情况下，以图书馆联盟的形式进行联合共建或采购。同时，以读者自采购、自评价模式作为补充。下面具体剖析图书馆电子书馆藏建设模式。

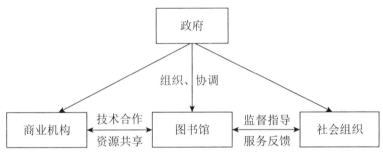

图 5-1　图书馆电子书建设主体及相互关系

1.读者需求驱动

通常情况下，图书馆由图书馆员依靠书评和专业直觉来推测读者需求，进而指导电子图书的馆藏建设。这种方式，在一定程度上会造成图书馆提供的电子书资源不是读者想要的，而读者想看的资源图书馆却不一定建设或采购。

随着信息技术、网络技术和电子商务在图书馆业务中的广泛应用，读者决策采购（Patron-Driven Acquisitions，PDA）模式已在国外发展得较为成熟，PDA模式的实质是将图书馆传统的购书方式进行网络化，即由读者根据自己的阅读需求进行检索，检索、获取的过程客观上为自己或其他读者选择了所需要的图书，但最后的决策权仍在图书馆，图书馆通过事先预选和事后把关的方式，将读者的阅读需求量化成一定的指标，作为图书馆文献采购的依据，即根据读者的实际需求和使用情况，由图书馆决定购买。因此，这一过程中，读者需求和使用是依据，图书馆才是文献采购的最终决策者。图书馆通过与数字资源提供商签订合作协议，使拟购的电子资源绕过了图书馆电子资源的采集、加工阶段直接入库，缩短了读者获取资源的时间，提升了图书馆信息提供能力。图书馆作为一个中介机构，将读者的在线信息需求与数字资源提供商的图书销售模式联系在一起，通过互动合作，不断提高图书馆读者的服务能力，适应读者阅读的多元化和个性化阅读需求[①]。

我国图书馆应该将 PDA 模式的精髓引入电子书馆藏建设中来，指导图书馆电子书的建设。即不论是自建还是外购电子书，都应该始终以读者需求为中心和出发点，使电子书建设源头和服务末端保持一致，最大限度地降低电子书建设成本，提高电子书的利用率。

2.结合第三方机构

内容提供商、出版社等第三方机构拥有大量电了书资源及电子书服务平台，图书馆可以在电子书馆藏建设的遴选、采购和建设的各个环节与之合作。在遴选环节，图书馆将内容提供商提供的电子资源书目与馆藏文献进行整合，通过图书馆的资源检索平台、资源服务平台去获取内容提供商的资源，读者可以统一检索并获取图书馆和第三方机构的书目资源，为图书馆电子书遴选提供了基础和便利。图书馆员一旦发现某种图书超过一定的浏览次数或限定的浏览时间，就触发图书馆进入采购或自建环节，并将采购或者自建的图书资源纳入图书馆电子资源馆藏。

此外，各大电子书相关的商业网站，会定期评选畅销书，如百度年度畅销书、亚马逊年度畅销书、豆瓣好书推荐排行等，图书馆员可以根据各图书馆的实际情况，结合第三方商业机构的推荐书目进行电子书的采购和建设。

3.发挥图书馆员的专业特长

图书馆的工作核心是服务读者，图书馆员是图书馆读者服务行为的实施主体。图书馆员在工作中，通过自己的专业知识、综合素质，以一定的文献媒体和一定的方式满足读者的知识信息需求，他们与读者零距离接触，不仅深入了解图书馆，还十分了解不同层次读者不同时期的不同需求。图书馆员可以利用本身工作的便利，采取如调查问卷、书目推荐等多种形式，获取读者的第一手资料，开展图书馆电子书的遴选、采购和建设，这样将极大地提高图书馆文献

---

① 孙广霞.PDA 在我国图书馆的推行策略研究[D].大连:辽宁师范大学,2013.

资源建设的质量和水平，提高电子书的利用率，进而更好地为读者服务。

4."读者自采购、自评价"模式为补充

读者需求是图书馆电子书馆藏建设的核心所在。图书馆应围绕读者需求建立"阅、采、藏"为一体的服务管理平台，即由读者的阅读需求指导图书馆进行采购和收藏。平台不仅要考虑到资源内容本身，还要兼顾软件平台、技术标准及图书版权等各种要素。

目前，我国建立的电子书平台多由移动服务商、电子商务平台、出版企业、图书馆等各自建立，不同机构、不同单位各自独立，涉及的技术也不尽相同，一个机构建设的电子图书在另外一个机构的平台上无法阅读已经屡见不鲜。由于不同机构、不同单位建设的电子书资源标准不统一，无法实现跨区域、跨平台的资源整合，造成了资源的重复加工和经费损失。基于上述现实，一方面，政府应从宏观层面，引导图书馆、商业机构和社会组织建立互相合作和互利共赢的关系；另一方面，从读者需求出发，图书馆要建立一个面向数字资源生命周期、基于服务驱动的多层管理、集中服务的自主知识产权的软件支撑平台，以读者需求为导向，构建我国图书馆的电子书建设机制，这是我国图书馆电子书产业发展的必然选择。图书馆是面向社会公众提供免费阅读服务的场所，也是读者利益的守护者和服务者，图书馆应积极与移动服务商、电商、出版社等协作，建立跨机构的合作联盟，构建以读者为中心的电子书采购模式。只要读者在合作联盟认可的范围内阅读电子书，如果读者认为是优质的资源就可以直接代表图书馆进行采购，从而从真正意义上建设以"读者为中心"的图书馆，其采购经费由图书馆与其他机构在合作联盟框架下共同承担，图书馆所出的经费由政府提供保障，其他营利机构提供的经费按比例各自承担。图书馆根据不同类型图书特点，设置图书采购试用期，在试用期范围内，如果读者浏览量达到一定阈值或者图书的社会反响较好，达到图书馆的采购标准，图书馆可以考虑购买更长周期的版权和并发数。图书馆也可以定期对读者的阅读习惯进行分析，采取末位淘汰制，如果某些图书读者看的比较少，低于合作联盟认定的界限，图书馆可以在第二年拒绝采购，或者与新书按比例进行替换；针对阅读量较大的图书，图书馆可以考虑购买完全版权。采用这种模式，一方面可以解决图书馆员采购的困惑，使图书馆的资源建设由读者去做主；另一方面也可以提高图书馆的资源质量，提高图书馆资源利用率和读者的满意度。

二、电子书馆藏建设主体及其职能

电子书馆藏建设涉及较多主体，包括政府、图书馆、商业机构、社会组织等，在实际过程中，也要积极避免市场的过度开发问题，以免削弱公共服务的公共性。因此，本节将从电子书采选方式入手，研究如何协调政府、社会组织、商业机构和图书馆在电子书建设中的作用，实现电子书资源的共建。

1.政府及其职能

政府是图书馆公共服务供给的主导力量。建立完善的图书馆公共服务体系，很大程度上取决于政府对图书馆公共事业提供的资金支持和政策支持[①]。政府在图书馆电子书馆藏建设中应充当政策的制定者、体系建设的管理者和经费的提供者。

在法制建设方面，政府应进一步健全法律制度，推进图书馆法及其他与图书馆文献呈缴、保存及服务相关的法律的出台与完善，为图书馆开展实体和数字资源的保存、管理和服务等工作提供更详细、可操作的法律依据。在操作层面，政府应建设中国电子书信息管理与服务体系，采取以政府为主导、社会组织参与、图书馆为支撑的模式，建立全面立体的电子资源保障体系，为读者提供免费、无障碍的资源服务。在资源发布中，还可以充分运用图书馆员的专业知识，发挥信息分析、知识组织、知识挖掘及图书馆导读等服务作用，为社会公众提供高层次的知识服务。在经济层面，也可引导读者去各类团体、互联网站等社会组织进行资源获取和服务购买。在合作层面，政府应引导商业机构与图书馆建立技术合作和资源共享机制，图书馆具备先天的资源优势，而商业机构拥有良好的技术实力，政府应从政策上鼓励和推动两者合作，进而推动电子书馆藏建设。

政府应该认识并重视社会组织的地位和作用，社会组织是公共文化服务体系中必不可少的组成部分，是公共服务的重要参与者和主要载体，可以承担电子书资源建设和资源管理的职能。社会组织的产生和运作，有助于政府在更高层次上实行宏观管理，实现政府管理的精简高效。政府应运用政策工具，制定促进社会组织发展的政策，为社会组织的发展创造良好的社会政策环境。政府

① 施国权.社会组织参与图书馆公共服务的模式与限度[J].图书馆杂志,2012(8):13-16.

应完善社会组织相关的法律、法规，摒弃双重管理体制，解除限制社会组织竞争的规定，增加政治系统对社会组织产生和发展的宽容性，扩大社会组织的发展空间。与此同时，应补充完善治理结构方面的规定，强化对社会组织行为的监管。

2. 商业机构及其职能

经济利益是商业机构进行电子书馆藏建设的动力。随着信息技术和电子书产业的蓬勃发展，传统图书出版企业正在逐渐向电子书产业转型，超星、万方、方正、书生等数字技术提供商已经完善了自己的电子书产业链，实现了电子书相关技术、产品及服务全流程管理和服务。此外，当当网、京东、淘宝等电商平台，中国移动等电信运营商也争相加入电子书服务大军，这些机构利用自己的渠道和技术搭建了自有电子书服务平台，然而也不可避免地带来了利益分配的不均、发展的不平衡及资源的垄断，呈现出复杂混乱的发展局面。电子书产业发展出现这种混乱局面的主要原因在于各方利益没有协调好——电商和运营商拥有各自的技术平台，掌控着利益分配的权力，但是缺少读者需要的优质资源，只能依赖电子书出版商。而电子书出版商由于没有得到预期的收益，没有足够的资金支持优质资源的持续产出。要解决这个问题，需要各方协调，达到一个利益平衡点，才能促进产业链的持续良好发展。

亚马逊形成了"内容＋平台＋终端"贯通全产业链的模式，这种产业模式避免了各方的利益分配，成为电子书产业链的典型成功案例。国内电子书产业链的各企业试图引入亚马逊的全产业链服务模式。但是内容提供商技术实力比较弱、平台提供商无法解决内容资源来源、终端提供商更是局限于空壳产品等，使得现阶段国内产业链中的各个企业暂时没有取得良好效果。现阶段，国内电子书企业缺乏协作，市场变得支离破碎，集中度不高，电子书市场没有呈现出与人口优势、图书出版优势相当的发展态势。因此，我国需要对图书馆电子书馆藏建设进行合理规划，对各产业链进行整合，由政府主导、立法，形成商业机构和图书馆的共同协调发展，商业机构提供技术指导和平台支撑，图书馆提供全方位的电子书揭示和引导性服务。

3. 社会组织及其职能

社会组织和政府在功能上是一种互补的关系。社会组织具有自愿性、独立性、专业性、非营利性等特点，社会组织植根于基层，源于大众，可以对图书馆和公众的需要进行适当和及时的把握，从而易于发掘图书馆公共服务方面的问题。社会组织能够促使公众参与同其切身利益相关的决策和资源分配，在参与中分享图书馆公共服务^①。可见，社会组织参与图书馆电子资源建设是一种服务趋势。

在现实生活中，首先，社会组织参与图书馆电子书馆藏建设的职能主要体现在弥补政府供给不足和满足公众文化需求方面。政府供给不足为社会组织参与图书馆公共服务提供了空间，这种空间取决于社会组织对公众文化需求的回应性。在这种情况下，社会组织参与图书馆公共服务需要不断增强对公众文化需求的敏感性，提高图书馆公共服务质量，创新图书馆公共服务供给，探索新的图书馆公共服务机制。而社会组织的独特优势恰好为这种回应性和敏感性提供了现实的可能性^②。其次，社会组织对图书馆电子书建设还起到了价值倡导的作用，由于社会组织的产生本身就是一种公共精神的象征，它通过内部的交流与协作及与其他组织的平等互动形成了一定的价值和规范，而这种精神与图书馆服务社会的精神不谋而合^③。可以说，社会组织的桥梁和纽带作用为图书馆公共服务的认同提供了扎实的基础，并运用其沟通力量挖掘公众的潜在文化需求。再次，社会组织不仅是各种社会组织（政府、企业和其他社会组织）和公众联系的纽带，也是公众内部沟通和外部联系的沟通平台。社会组织的参与性使公众的文化利益整合进社会组织的运作中，成为公众文化利益的代表，通过各种正式或非正式的社会网络、制度化或非制度化的沟通渠道进行公众文化需求和利益的表达，获取社会的关注^④。在政府提供图书馆公共服务的过程中，社会组织代表公众利益，获取政府支持，维系并促进与政府的合作，同时确保合作过程中社会组织提供服务的独立自主性。最后，社会组织的志愿精神使其具备较强的资源动员、资源整合和资源利用的能力^⑤。它能够获取各种社会资源，包括政府的税收和政策支持、企业的技术支持和资金捐助及个人的时间，这就为社会组织履行图书馆公共服务职能奠定了坚实的基础。社会组织在图书馆电子书馆藏建设中扮演着政府职能的践行者、读者利益的维护者、服务需求的调研者及公共资源的配置者等重要角色。虽然社会组织在图书馆公共文化服

①②③④⑤ 云明向.社会组织参与图书馆公共服务的现实困境和策略选择[J].图书馆杂志，2013（1）:13-17.

务供给方面具有独特优势，但由于受多种因素约束和自身特点所限，根据社会组织参与图书馆公共服务供给的边界和限度，社会组织主要提供图书馆基础服务和个性化服务。

4.图书馆职能

图书馆担负着信息资源的搜集、组织、保存、管理等职能，是天然的资源库和知识库。公共图书馆发挥图书馆馆藏优势和地域特点，在其所藏特色文献的基础上，建设具有地方特色的电子书资源库和珍贵电子文献资料库。这些特色资源是商业性数据库商无法开发的资源，却是图书馆可以充分利用馆藏资源加以开发利用的资源[①]。然而，图书馆在资源建设中也存在如下不足：

- 资源整合程度差，资源揭示不清晰。一些图书馆虽然开发了多种特色地方文化的电子书资源，但由于缺乏技术能力，没有整合的服务界面，无法提供统一的检索平台，用户只能逐一点击访问相应特色资源。

- 经费不足，资源无法进行深加工。很多图书馆自建的电子书资源只是单纯的文档格式或图片格式[②]，没有进行深度的资源加工或知识关联，读者只能通过单一的资源链接的方式访问资源，没有对某种资源的整体性服务界面或者资源库服务。

- 由于宣传渠道有限，图书馆虽然保存了很多优秀的文献资料，但往往容易被忽略。

- 内容利用率低，每个图书馆读者数量、人口结构不尽相同，每个读者对图书报刊信息内容需求也不尽相同，这种"信息孤岛"现象，无疑使图书的使用效率大打折扣。

可见，图书馆仅仅依靠自身的资源和技术，难以满足社会大众的需求。图书馆需要依靠政府的财政支持，借助商业机构的技术及社会组织的协调和组织，对资源进行整合，与商业机构形成资源互补的模式，共同建设和完善图书馆电子书服务。

---

①② 傅文奇,吴小翠.省级公共图书馆电子书资源建设的调查和分析[J].图书馆,2015（1）:45-47,54.

第三节　服务对象

目前，图书馆的电子书服务并未对服务对象加以区分，而是对所有用户提供相同的电子书内容。这样会使读者面对海量的电子书资源无所适从，也会造成资源的浪费。因此，本书根据调查问卷的调研结果、近几年的全民阅读报告以及阅读能力的区别，将电子书服务对象归为普通大众、残障人群和少年儿童三大类。分析每类对象的特点及阅读需求，并针对分析结果给出该类对象的电子书采选原则。

电子书服务是一种面向普通大众、残障人群和少年儿童提供的全民阅读服务。全民阅读，顾名思义，就是倡导全体国民共同参与到阅读中来，不分男女、老幼、职业、是否健康，都同样享有阅读的权利。因此，图书馆尤其是公共图书馆，应该面向全体国民提供平等、无障碍、无差别的阅读服务。

一、电子书服务人群

本书对全国公共图书馆进行问卷调查发现，有 75% 的公共图书馆提供的电子书服务并未对服务对象区分对待，12.5% 的公共图书馆有粗略的区分，但是不太明显，只有 12.5% 的公共图书馆特地对服务对象进行细分，提供个性化服务。因此，对电子书服务人群进行划分，并推出有针对性的电子书内容十分必要。

阅读作为人们获取信息、与社会交流的重要的认知活动，是一种复杂的视觉活动，同时也需要一定的知识作为支撑。阅读过程包括对文字辨认、阅读时的眼球运动及大脑中枢神经对视觉信息的处理等。影响阅读过程的各种因素都将影响阅读行为。一种影响是视觉方面的因素对阅读的影响，视觉功能缺损使得人们难以及时、准确地获得视觉信息，影响视觉信息加工，从而给阅读带来困难[①]。另一种影响是知识和理解能力因素对阅读的影响，如果不具备一定的文字识别能力和理解能力，也无法实现有效阅读。

---

① 闫康.特殊人群汉语阅读的眼动特征研究[D].杭州:浙江工业大学,2012.

　　鉴于此，本书主要根据图书馆电子书服务对象的阅读能力，将读者分为普通大众、残障人群和少年儿童三类服务对象。下面详细分析各类服务对象的特点。

1. 普通大众

　　普通大众在阅读能力上没有任何知识和生理上的障碍，能够正常阅读大部分书籍。但是普通大众覆盖范围甚广，根据其性别、学历、从事的职业需要或兴趣，阅读需求也有所不同。我们还可以针对这部分人群进行细分，大概可以划分为一般读者、科研人员、农民工读者和党政军读者。

　　其中，一般读者占绝大部分，甚至科研人员、党政军读者等特殊职业人员在非专业阅读时都可以归为一般读者。一般读者中有一类相对特殊的人群，即老年人。老年人由于视力下降及年岁的增长导致的身体机能下降，易疲劳，所以老年人无法进行长时间阅读。另外，部分老年人缺乏电脑、网络知识，这也给老年人进行电子书阅读带来了障碍，但是老年人退休后拥有较为充裕的闲暇时间，在阅读需求上不可忽视。科研人员一般是从事专业工作的人群，比如医生、律师等，这类人群专业性较强，科学素养较高。农民工读者由于平时的劳动强度太大，因此在业余时间多喜欢通过读书进行消遣娱乐。党政军读者工作性质相对严肃，文化水平普遍都较高，接触新事物的能力也比较强。

2. 残障人群

　　鉴于阅读的特性，本书中的残障人群仅限于视障人群，包括弱视、盲人，其他生理上的残疾不包括在本书的研究中。盲人读者，是指无法看到文字，但可以通过声音进行阅读，或者借助特定的软件阅读的用户。

3. 少年儿童

　　本书中划分的少年儿童读者是指处于学龄前期和小学阶段，识字和理解能力有限，知识覆盖范围也比较小的用户。

二、电子书采选原则

　　不同的阅读主体有不同的阅读特点、心理需求和行为模式，本书针对不同的阅读服务对象开展有针对性的研究，在电子书服务上，要采选、组织不同形式、题材的电子书，实现内容及载体形式的多元化，提供最符合其特点的电子书服务。

　　普通大众对电子书的形式和内容都没有特定的要求，因此可以采用全媒体的形式向其提供服务。在内容选取上，图书馆可针对一般读者推出多种题材的资源，以满足大众需求。

简单来说，一般读者可以单纯地从性别差异上分为男性和女性两类，据报告，男性偏爱深度阅读，更多的是为职业规划和储备知识读书，阅读的实用性更强；而女性则更倾向于浅阅读，大部分只为业余爱好和消遣而阅读①，因此，对于这两类人群在电子书采选及服务上要有所区分，对女性读者侧重提供休闲类阅读内容，比如言情、穿越、古典文学等题材小说；对于男性读者则应该提供一些更加实用的书籍，比如理财、职场类题材图书。对于一些较为特殊的群体，要有针对性地推出适合的资源。如对老年人群体来说，健康是老年人生活幸福的重要指标。生活饮食与健康息息相关。如何更好地照顾生活起居，科学饮食，合理养生，从而让自己生活得更加健康快乐是大部分老年人关注的内容。老年人群也十分关注时事政治类和文学艺术类书籍。了解时事政治，可以让老年人更好地了解当前国内外发生的各种新闻事件，开阔眼界；而阅读文学艺术类书籍作为休闲，可以让老年人修养身心，轻松享受阅读的乐趣，使老年人的生活更充实。

科研人员需要进行科学研究，因此其需要的多为某领域的专业书籍，要根据不同的领域进行划分；农民工阅读目的多为劳动之余休闲，因此可以为其选择言情、穿越之类的题材小说；对于党政军读者等人群，需要采选政策相关电子书资源。

由于残障人群无法看到文字，但是可以通过声音实现阅读，因此，电子书服务可以采用"听书"的模式来满足此类人群的需求。此外，还可以将普通的文字阅读，丰富成多元化的"活"的有声阅读。弱视人群由于并非完全看不到文字，因此可以在电子书服务的基础上增加阅读器的服务设置，如改变字体大小。在内容选取上，无需过多限制。

对于少年儿童，应根据他们的年龄和阅读兴趣，可以通过听书或者图片等富媒体形式为其提供阅读服务，内容上选择少文字、多图画的适合儿童阅读的题材为主。根据内容的易理解程度，还需按照年龄段进行划分，方便家长根据

---

① 亚马逊2016全民阅读调查：电子书付费促阅读有始有终[EB/OL].[2024-08-19]. http://www.nationalreading.org.cn/2016-04/22/c_128921238.htm.

孩子年龄便捷地获取匹配的电子书资源。

第四节　服务渠道

　　电子书市场虽说是"内容为王"，但是随着网络、技术及终端的不断发展，仅靠内容已不足以支撑整个电子书市场，良好的阅读体验也是读者追求的关键因素，因此，硬件与渠道都将成为其中相当重要的一环。面对当当、京东等国内图书电商网站，以及知网、方正、汉王等电子书商，图书馆需要进一步拓展服务渠道，吸引读者。

　　服务渠道主要是指读者获取电子书服务的通道。本书研究的图书馆电子书服务渠道是指广义的渠道，包括网络渠道、平台和终端等。具体来说，本书研究的电子书服务渠道是以互联网为主，辐射移动互联网、广播电视网等多种网络，依托 PC、手机、平板电脑、电子书阅读器、数字电视等多种终端，致力于为读者建立一个多网融合、多屏合一、无缝阅读的电子书流通服务体系。

　　在整个电子书服务产业链中，图书馆是其中重要的一环。它将内容提供商或自建的电子书资源经过电子书服务平台进行整合发布，经由各种网络和终端向用户提供服务。本书的服务渠道主要侧重图 5-2 中的后半段。图书馆的电子书服务传播不单单依赖各个网络运营商，图书馆电子书服务形式的选取还与服务所需的终端硬件、操作系统、电子书格式等密切相关。因此，图书馆要实现电子书资源的多层次、多方式服务，就要与网络运营商、终端生产商建立良好的合作关系。

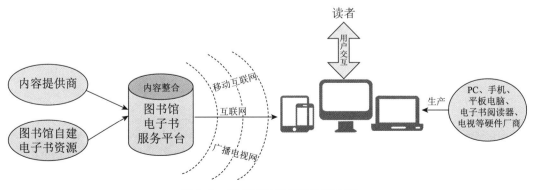

图 5-2　图书馆电子书服务产业链

一、基于网络融合的多渠道流通服务

中国互联网络信息中心（China Internet Network Information Center，CNNIC）发布的第 52 次《中国互联网络发展状况统计报告》^①显示，截至 2023 年 6 月，我国网民规模达 10.79 亿，较 2022 年 12 月增长 1109 万，互联网普及率达 76.4%。我国网民使用手机上网的比例达 99.8%，手机仍是上网的最主要设备；网民中使用台式电脑、笔记本电脑、电视和平板电脑上网的比例分别为 34.4%、32.4%、26.8% 和 28.6%。网络的发展为人们获取信息提供了便捷渠道，打破了时空的限制。2021 年互联网电视（OTT）用户（即通过互联网电视集成播控平台获取广播电视服务的用户）已达到 10.83 亿^②。

网络的普及为图书馆电子书服务的实施拓展了信息传输渠道，图书馆将本馆电子书资源置于网上，读者可以不受空间、时间的限制，经由各种网络自由、方便、快捷地获取图书馆资源。网络使图书馆的服务更加具有开放性，覆盖更多的人群，由原来的图书馆所在区域的特定服务群扩展到网络可及的读者群体，可以说只要有网络就可以获取图书馆的服务。网络的融合打破了馆内读者和馆外读者的藩篱，扩展了服务的范围，最大限度地将服务惠及更多的读者，突破信息资源的时空、地域限制，从读者的角度出发，有效地解决了有限的区域内信息资源与无限的读者需求之间的矛盾，真正意义上实现了信息资源的无限共享。对信息不畅和文化落后导致的经济不发达的老、少、边、穷地区的发展，将产生巨大的推动作用^③。

随着信息技术和网络技术的不断发展，人们接入网络的渠道越来越多。图书馆需要紧密关注新技术和新发展，拓宽电子书服务渠道。电子书服务在不同的网络环境下呈现的形式不同，依托互联网，图书馆可以建设基于 PC 的电子书服务网站，服务互联网网民；依托移动互联网，图书馆可以开发基于移动终

---

① CNNIC：第 52 次《中国互联网络发展状况统计报告》（全文）[EB/OL].［2023-11-08］. http://www.100ec.cn/home/detail--6631924.html.

② 2021 年全国广播电视行业统计公报[EB/OL].［2023-12-19］. http://www.nrta.gov.cn/art/2022/4/25/art_113_60195.html.

③ 杜亮,刘涛,赵飞,等.三网融合背景下图书馆拓展服务新平台之我见[J].图书馆界,2011（5）:72-73.

端的 WAP 电子书阅读网站、App，满足读者随时、随地、随身的碎片化阅读需求；基于广播电视网，图书馆也可以推出基于数字电视的电子书阅读服务，营造家庭阅读的良好氛围。目前，图书馆电子书服务应该以互联网为主，辐射移动互联网、数字电视网等多种渠道，建设门户网站、手机 WAP、App 及数字电视等多种服务形式，融合形成相互补充的电子书服务格局。依托国家三网（互联网、电信网络、广播电视网）融合的背景和机遇，以互联网为融合的核心，采用兼容的技术平台，实现网络层上的互联互通，形成业务层上的互相渗透、互相交叉和最终的无缝覆盖，最后实现向读者提供多网络融合的电子书阅读服务，满足用户全方位的阅读需求。

二、基于终端融合的多平台无缝阅读

电子书最终要通过各种终端展示，可以说，终端是解决电子书服务的最后一环。图书馆是电子书服务产业链中的重要一环，它处于出版社等内容提供商和硬件厂商中间，因此是连接产业链上下游的一座重要桥梁。图书馆并不生产终端，其电子书服务需要依托硬件厂商的各种终端向读者推送。因此，图书馆要想提供覆盖范围更广、体验更好的电子书服务，必须适应目前的形势，与硬件厂商合作，加大基于各类操作系统、屏幕大小及分辨率的终端程序的电子书服务平台研发力度，接入更多的市场主流的终端，以此拓展图书馆电子书服务平台的应用范围。反之，如果不与终端对接，图书馆电子书服务的发展前景就会十分渺茫。

材料科学和数字化技术的发展使得阅读终端呈现出多元的样式，电脑作为办公的主要设备，在用户群中的普及率相当高；手机、平板电脑、电子书阅读器等移动终端因其随时、随地、随身的特性，也成为现代人的随身必需品。物联网的迅速发展促进了智能终端设备的蓬勃发展，以智能手机、平板电脑和穿戴设备为代表的智能终端设备快速更替。随着 4G 技术的普及、5G 技术的兴起，移动通信技术带动了中国移动应用的发展和普及。电视机作为信息传播工具，与计算机、智能手机相比，普及率更高、更易于操作，已经走进了千家万户。2019 年我国智能交易终端销量为 289.10 万台，同比增长 11.97%，自助交易终端销量为 10.7 万台[①]。同时，阅读终端的多元化也促使人们不断地调整自己的阅读方式。第二十次全国国民阅读调查报告显示，2022 年我国数字化阅读方式（网络在线阅读、手机阅读、电子书阅读器阅读等）的接触率为 80.1%，较2021 年的 79.6% 增长了 0.5 个百分点[②]。数字化阅读方式包括网络在线阅读（PC阅读）、手机阅读、电子书阅读器阅读、PAD/PDA/MP4/MP5 阅读等。具体来看，成年国民数字化阅读倾向明显。2022 年有 77.8% 的成年国民进行过手机阅读，71.5% 的成年国民进行过网络在线阅读，26.8% 的成年国民在电子书阅读器上阅读，21.3% 的成年国民使用 Pad（平板电脑）进行数字化阅读[③]。在数字阅读领域电视的应用还未普及。但是，随着三网融合，有线电视网络具有了正反向传输功能，数字电视成为图书馆向读者提供阅读服务的一个新兴平台。特别是 GoogleTV 和 ΛpplcTV 的推出，使得电视机成为实际意义上的用户访问终端和阅读终端[④]。智能电视具有明显的特点，支持语音、手势遥控、人机交互体验；智能云电视的出现为用户提供了丰富的阅读体验。智能电视可以通过网络、PC、AV 设备等多种渠道获得节目内容，为用户提供简单易用的整合式操作界面，进而避免了其他阅读终端操作的复杂性[⑤]。第十九次全国国民阅读调查报告显示，2021 年我国 0—17 周岁未成年人图书阅读率为 83.9%。对亲子早期阅读行为的分析发现，2021 年我国 0—8 周岁儿童家庭中，平时有陪孩子读书习惯的家庭占 73.2%，较 2020 年的 71.7% 增加了 1.5 个百分点。在0—8 周岁有阅读行为的儿童家庭中，家长平均每天花 26.14 分钟陪孩子读书，较 2020 年的 25.81 分钟增加了 0.33 分钟[⑥]。而电视作为最适宜家庭阅读的终端，无疑在未来的亲子阅读中将占据举足轻重的地位。

---

① 2021 年智能商用终端行业市场销售规模分析预测及重点企业竞争战略研究[EB/OL].[2023-11-09]. https://www.sohu.com/a/501214759_120624718.

② 第二十次全国国民阅读调查结果显示,2022 年我国成年国民综合阅读率为 81.8% 大江南北 书香浓浓[EB/OL]. [2023-11-09]. https://baijiahao.baidu.com/s?id=1764025572655871307&wfr=spider&for=pc.

③ 第二十次全国国民阅读调查结果显示:数字化倾向增强 近半数成年国民仍倾向纸质阅读[EB/OL]. [2023-10-18]. https://www.ccn.com.cn/Content/2023-04-24/1105512080.html.

④⑤ 袁然.从阅读方式的演变看阅读终端的发展[J].青年记者,2012（33）:39-40.

⑥ 第十九次全国国民阅读调查主要发现[EB/OL]. [2023-11-09]. https://www.nppa.gov.cn/xxfb/ywdt/202204/t20220425_665265.html.

　　鉴于目前的网络和媒体环境的多样化，读者的阅读场景也发生了深刻的改变，在办公室或阅览室，读者可以通过电脑访问互联网，获取图书馆的电子书资源；在路途中，读者通过开放的移动互联网借助手机等移动终端仍然能够继续阅读；而回到家中，还可以通过广播电视网借助电视与家人共同阅读。在这整个阅读进程中，读者访问的网络变化，阅读终端也发生了变化，但是读者希望能够实现不间断的阅读，这就需要图书馆实现电子书服务的终端融合，即读者使用不同类型的终端如电脑、手机、手持阅读器、平板电脑等查询、阅读同种或同类文献内容或数据库时，图书馆能够利用同步技术保存读者的行为信息和阅读信息，进而突破终端和平台的限制，实现读者信息的同步。图书馆还可以建立移动阅读社区，为用户提供跨平台、多终端持续阅读服务，进而实现读者不区分阅读终端，便捷地、无缝地进行阅读。

　　信息技术的发展，为读者同时在 PC 终端与移动终端阅读提供了可能。近两年，智能设备不断升级，也越来越普及，读者需要在不同终端设备之间实现同步阅读，读者需求推动了跨平台阅读功能的提升，云同步阅读已成为常见的数字阅读服务的亮点之一。跨终端无缝阅读是采用一定的技术手段实现各种形式的数字资源在不同阅读设备的整合和同步，无论读者通过哪种阅读终端登录图书馆的电子书服务平台，平台都会记录该读者的行为，由于各种终端的电子书服务基于统一的技术平台，因此读者无论是从 PC 终端切换到移动终端，还是从移动终端切换到电视终端，读者的阅读记录将始终与读者自己的账户保持同步和更新。即使读者使用离线功能，也可以通过云服务达到多终端同步。此外，基于云笔记功能，不管读者在哪个终端提交阅读笔记，系统都能自动实现不同终端的同步，读者无须担心笔记被漏掉。读者还可以根据阅读平台的规则将自己的阅读笔记下载到移动设备中，从而享受无障碍、无断点、随时随地的阅读。

　　无缝阅读作为数字阅读服务的产物，比较适合当前移动互联网的蓬勃发展和数字阅读的普及。可以预想，随着信息产业的持续发展，无缝阅读未来将会和更多的终端应用相结合，进而将传统阅读及数字阅读的服务模式进行升级和完善。图书馆也应该结合数字阅读行业发展的美好愿景，持续努力为读者创造更加便捷、更加智能化、舒适化的电子书服务。

三、基于媒介融合的全方位阅读推广

2006 年 4 月，《中宣部　中央文明办　新闻出版总署　文化部　教育部　解放军总政治部宣传部　中华全国总工会　共青团中央　全国妇联　中国科协　中国作协关于开展全民阅读活动的倡议书》提出，在 2006 年 4 月 23 日"世界读书日"前后，开展"爱读书，读好书"的全民阅读活动[①]。"全民阅读"成为近几年频繁出现的热词，并且多次出现在政府工作报告中，促进全民阅读是图书馆过去、现在，也是将来的一个重要任务。图书馆若想实现倡导全民阅读的愿景，不仅要推出阅读服务，还要通过各种形式在广大公众中大力推广阅读，将图书馆阅读服务推到用户身边。在最近十几年间，中国图书馆人在阅读推广上做出了不可忽视的努力。各地公共图书馆不遗余力地开展了多种多样的传统意义上的阅读推广活动，活动以倡导阅读的节日（如读书节、读书月、读书周、阅读宣传周、全民阅读月等）为契机，以讲座、论坛、报告会、读书经验交流会、展览（尤其是图书展览）、书评、读书竞赛（包括演讲、诗歌朗诵、征文）、电影和话剧欣赏等形式为手段，激发全民共同参与，从而调动人们的读书兴趣，真正形成全民阅读的良好风尚。然而，传统阅读推广模式的推广范围有限，不能推广到国内所有有阅读能力与需求但是没有阅读资源和获取渠道的读者；同时，传统的阅读推广缺乏长期性与延续性的运营规划，一旦某个读书节阅读推广活动结束，民众的阅读热情也很快就会退去，阅读风潮容易再度陷入停滞状态，致使之前的阅读推广活动产生的效果也变得极度苍白。

随着媒介技术的发展，阅读由原本的纸本媒介演变成了数字终端，人们获取信息的媒介也从线下的实体活动更多转到了新兴的数字媒介。以手机为代表的移动终端已经成为人们生活中不可或缺的一部分。其中，微信作为目前最为广泛的社交媒介，占据了国民绝大部分闲暇时间，成为国民获取信息的最重要媒介，如图 5-3 所示。而数字媒介的特殊性使其在阅读推广上具有独特的优势，由于数字媒介基本上全都基于网络，网络的快捷性、及时性使阅读推广的信息传递更方便；网络的广泛性、开放性使阅读推广的受众更广泛；社交媒介的共享性、交互性使阅读推广的交流、互动更方便；而网络庞大的信息承载量

---

① 李海燕.我国公共图书馆阅读推广研究综述[J].图书馆杂志,2016(2):103-110.

能够使阅读推广的受众选择阅读内容的范围更广泛；网络信息传播的多样性，如通过声音、图形、图像、动画、影像传播，使阅读推广的方式更加灵活；网络阅读内容的延续性能够建立阅读推广的长效持续机制，使阅读推广的效果长久持续①。鉴于此，图书馆需要抓住媒介融合的契机，结合新兴媒介，创新推广模式，全方位地推出影响范围更广、持续时间更长、获取更便捷的阅读推广活动。

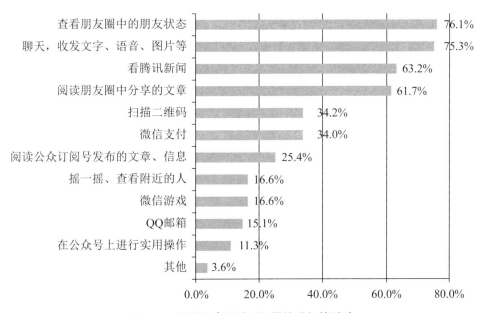

图 5-3 微信用户通过手机微信进行的活动

1. 线上线下相结合的推广模式

在传统阅读时代，大部分图书馆会根据一些重大节日、社会热点举办一些活动，如在世界读书日，以社会最近热门话题为主题，举办关于阅读的一些活动。在新媒体时代，图书馆可以将这些活动采用线下线上相结合的方式，即通过现场可以参加活动，通过线上也可以参加活动，使更多的读者可以参与到活动中来。除了将传统的活动通过线上方式开展外，还可以通过某种方式将传统媒体与新兴媒体相结合，如扫描二维码参与活动等。国家图书馆与京港地铁四号线联合推出的 M 地铁图书馆，以"阅读"为主题，将电子书访问地址以二

---

① 徐琼.建立高校图书馆全方位阅读推广模式的探索[J].新世纪图书馆,2013（2）:62-65.

维码形式张贴在地铁车厢内，读者扫描二维码即可阅读电子书，这种模式利用地铁人流量大、图书馆电子书资源丰富的优势，不失为阅读推广的一种有效模式。

2. 馆际联盟推广模式

联合推广是在推广主体方面，积极联合图书馆界形成馆际联盟，共同开展阅读推广活动，不仅能够起到资源互补的作用，还能扩大推广活动的受众面，最大限度地吸引公众参与，使活动效果更佳；现代化的技术手段、多种社交形式的出现，为图书馆联合进行阅读推广提供了可能。在推广形式方面，在目前开展阅读推广活动的基础上，积极形成阅读推广品牌。例如，国家图书馆的文津图书奖活动已经成为一种品牌，在业界影响广泛。2022 年 4 月 23 日，第 27 个世界读书日到来之际，国家图书馆联合中国图书馆学会举办"书籍，春风，还有你——国家图书馆 2022 年'4·23 世界读书日'特别活动暨第十七届文津图书奖发布"活动①。活动现场，第十七届文津图书奖正式揭晓，《许渊冲百岁自述》《月背征途：中国探月国家队记录人类首次登陆月球背面全过程》《脚印》等 19 种图书获奖，推荐图书 51 种。为体现图书馆服务全民阅读、建设"书香中国"的责任与使命，中国图书馆学会与国家图书馆联合全国千余家图书馆共同发起"书籍，春风，还有你——给读者的一封邀请信"活动，以短片形式向公众展示全国各级各类图书馆的珍贵特色馆藏和创新服务举措，邀请读者感受阅读的魅力。全国各地的图书馆员代表共同朗诵邀请信，向各地读者朋友发出邀约："不管你是谁，不论你在哪里，每一座图书馆，图书馆里的每一本书籍，还有每一位图书馆员，都在等待你的到来。"

3. 多种媒体联动推广模式

在全媒体时代，人人都是内容生产者，同时人人都是内容的传播者。在图书馆的电子书服务中，要充分利用多种媒体进行阅读的推广。利用微博、微信、QQ 等社交媒体开展推广互动。将电子图书以某种形式进行组织，形成专题，通过策划、文案撰写将组织好的电子书通过社交媒体发布，供读者阅读。这种形式的图书整合最好形成品牌系列，并保持一定的更新频率，根据不同的

---

① 国家图书馆举办"4·23 世界读书日"特别活动[EB/OL]. [2023-12-19]. http://www.rmlt.com.cn/2022/0424/645513.shtml.

读者需求，制作不同的专题，满足不同读者群体对阅读的差异化需求。不同社交媒体同时发布同一专题电子书，或者根据不同社交媒体的用户群体不同发布不同的专题，同时各种社交媒体之间通过分享可以实现联结。

图书馆应该以开放的姿态、互联网的思维，充分利用现代化技术和手段，以可靠的平台为基础，推广全民阅读理念，推进全民阅读，为构建均等化、普及化的现代公共文化服务体系做出重要贡献。

第五节　服务方式

随着互联网技术的迅猛发展，图书馆的服务方式也发生了变化，从原始的到馆卡片目录查询发展到现代的机读目录检索，再到移动互联网的短信服务、彩信服务和 WAP 网站服务。"互联网 +"时代的到来，不仅改变了商业模式，也再一次地冲击了图书馆。以移动 App、微博、微信为代表的线上线下（Online to Offline，简称 O2O）服务模式逐渐兴起，图书馆的服务功能和服务渠道不断拓展。对于读者而言，图书馆的线上与线下服务是读者获取服务的不同渠道和方式。线上服务是图书馆线下服务在网络空间的一种延伸，线下服务作为传统图书馆面向读者服务的直接窗口，为读者提供最直接、最真切的服务体验。图书馆的 O2O 服务模式本质是将线上系统和线下服务进行融合，搭建支撑运行体系的协同平台，创新发展线上服务系统功能，完善线下服务，为读者提供从阅览室到家的图书馆无缝衔接服务，提高信息服务能力和知识服务能力，有助于图书馆服务品牌的树立，也可以成为促进全民阅读的新途径和图书馆服务创新的新亮点。

一、基于互联网的纯线上服务方式

通过 PC、手机和手持阅读终端的无缝衔接，公共图书馆可建立"检、借、阅、评、购"五位一体的综合服务模式，为读者提供跨平台、跨终端的电子书资源服务，让读者充分感受到图书馆电子书服务的方便性与智慧性。

1. 资源发现

图书馆拥有海量的不同类型资源的元数据，如何将这些元数据有效揭示，一直是图书馆需要解决的问题。随着技术的不断进步，资源揭示手段不断丰富，为读者提供了极大便利。图书馆可以利用资源整合、大数据分析、数据挖掘、数据仓储、云计算等多种技术，实现高效、精准的资源检索和知识发现，并且通过聚类、关联分析、引文分析等方法实现文献资源整合和发现、深度知识挖掘和发现及全方位知识关联。这样，图书馆可以将不同类型的文献资源由只是浅层次的揭示演变为发现各类文献资源之间关系的深度揭示，并对数据进行分析和处理，发现资源背后的隐形关联。用户可以借助图书馆的资源发现，通过简单的查询处理即可获取图书馆专业知识分析后的服务。国内数字资源提供商近几年来也提供了优质的资源发现服务，如超星公司的"读秀中文图书服务平台"集图书检索、查询、在线试读、图书传递、借阅与购买及图书评论和知识搜索等多种功能于一体。读秀中文图书服务平台还提供了区域图书馆的联合目录的功能，将单一图书馆的资源与多个图书馆进行了整合。

2. 资源服务

图书馆应以读者需求为前提，以图书馆馆藏资源建设为核心，与社会组织、商业机构合作，为读者提供全方位的资源服务。例如，基于中图分类法、学科体系及商业网站的图书类型进行不同内容资源的分类浏览；基于作者、专家、图书馆和读者的图书评价和推荐，融合第三方（如京东、亚马逊、豆瓣等）的资源推介；基于图书馆、出版社、数字提供商等进行资源的联合采选、授权和阅读服务；同时，基于全方位的用户服务，记录用户行为，为读者提供相同主题、相同读者群的社交专题，搭建出版社、资源提供商、资源服务商与读者之间的桥梁，使读者更直接、快速、全面地获取图书馆服务。

二、基于"互联网 +"的 O2O 服务方式

随着移动互联网、大数据等新一代信息技术快速发展，技术驱动下的图书馆服务模式创新层出不穷，线上线下融合发展已成为最具活力的文化发展形态之一。通过线上线下结合的方式，有效指导读者线上阅读、线下借阅，进而帮助读者在任何时间和任何地点都能方便地获取所需的知识。

1. 二维码

二维码作为移动互联网的离线入口，在众多行业领域已得到广泛应用，图书馆行业也应积极探索利用二维码技术推动自身业务发展，通过线上、线下服

务的闭环，可以形成线上线下服务的良性循环。

二维码可以存储丰富的数据信息，可以替代 ISBN、ISSN（International Standard Serial Number，国际标准期刊号）条码。例如，传统的图书出版会在封底右下角印有国际标准书号的条形码，但是 ISBN 所保存的信息量较小，仅作为识别图书的国际编号。除了 ISBN，书目信息里还有许多会在图书生命周期内被多次利用的其他重要信息。一般来说，图书馆在图书编目环节，要将图书的 MARC（Machine Readable Catalogue，机读目录）数据著录到图书馆自动化管理系统中。另外，如果在图书产业链的源头（如出版社）通过二维码技术将出版物的信息进行标准化处理，图书馆则可以在这个产业链中，按照相关标准直接从二维码上获取图书信息，这将极大地减少图书馆工作人员手工著录 MARC 数据的工作量。

二维码还可以替代图书的馆藏条码。由于馆藏条码没有解决实现码制、用户数据编码结构标准化及条形码标签有长度限制等问题，馆藏条码一直被当作一种闭环内码使用[①]。二维码为图书馆开展个性化服务提供了技术支撑，图书馆员在编目过程中，可以将馆藏信息、图书唯一标识符信息等一并著入，为读者线上阅读和线下借阅提供了更方便、更快捷的服务途径。读者在图书馆挑选图书时，可以利用智能手机扫描图书的馆藏二维码，即可直接和方便地进入这本图书对应的线上图书馆。线上不仅可以查看该图书的馆藏信息、图书简介，还能在线阅读并进行图书评价，还可分享到社交网络，同时可以扫描二维码将电子版下载到手机上带走阅读；另外，线上其他读者对该图书的评价也可以为是否要借阅纸质图书提供参考。读者可以扫描馆藏二维码来定位这本图书所在的借阅室，从而进行在线预约和借还操作。图书馆则可以根据线上图书的统计信息，进行"需求驱动"的资源采购，进而将线上借阅和评价的信息反馈到图书馆纸质图书的采选和管理中。

2. 微信

微信让人们的生活进入"微时代"——"微阅读""微服务""微视频"等，这种"微生活"已经渗透到人们生活的方方面面，微信公众平台使网络沟通方

---

① 钱宇.二维码与图书的深度结合：二维码替代条形码[J].国家图书馆学刊,2016（1）：106-109.

式发生了重大变革，人们越来越习惯这种方便快捷的信息传递方式。图书馆通过微信公众平台提供服务：一方面可以方便快捷地为用户提供图书馆相关服务信息，主动走向用户群体黏性比较高的平台；另一方面可以加强图书馆与用户之间的互动，拓展与用户交流的渠道。

移动图书馆利用微信公众平台可开展信息查询、业务办理、定位、信息推送等服务。图书馆作为面向公众的服务性机构，可以通过微信公众号，把图书馆的阅读推广信息精确地、及时地推送给目标用户，用户也可以通过微信直接分享给好友，或在朋友圈中分享链接，在拓宽图书馆阅读推广的渠道和方式同时，迅速覆盖更广泛的推广人群。图书馆还可以借助微信公众平台向用户及时推荐最新采购的图书，同时也可以联合商业机构，如京东、豆瓣等，定期评选网络畅销图书或者大众喜爱的图书，图书馆的微信推送，在分享信息的同时还有图书的馆藏信息、借阅信息等。微信公众平台还可以实现与图书馆的在线阅读服务的整合，当用户点击微信公众平台的书籍信息时，可以直接获取到这本图书的在线阅读链接，通过微信公众平台与在线阅读服务的融合，为用户提供了阅读推广到深度阅读的扩展化服务。此外，通过获取公众平台的关注用户信息，图书馆员可以按照用户兴趣爱好、专业背景等精准推送图书信息给用户。此外，通过微信公众平台，还可以定期开办线上线下的阅读活动，线上用户可以实现活动报名、在线借阅、沟通交流，线下可以举办主题活动，将同一兴趣爱好的用户组织起来，进行深入交流，如答疑解惑、读后感等，通过线上线下相结合的形式提高用户的兴趣度，进而提高图书馆的用户活跃度。

3. NFC 服务

NFC（Near Field Communication，近场通信），是一种新兴的技术。使用了 NFC 技术的设备（例如移动电话）可以在彼此靠近的情况下进行数据交换，是由非接触式射频识别（RFID）及互联互通技术整合演变而来的，通过在单一芯片上集成感应式读卡器、感应式卡片和点对点通信的功能，利用移动终端实现移动支付、电子票务、门禁、移动身份识别、防伪等应用[①]。NFC 具

---

① 近场通信[EB/OL].[2023-10-18]. https://baike.baidu.com/item/%E8%BF%91%E5%9C%BA%E9%80%9A%E4%BF%A1/9741433?fr=ge_ala.

备反应时间更短、更稳定、更安全、成本更低等优势。图书馆可以将 NFC 技术引入现有的服务中，通过 NFC 技术与图书标签的结合，NFC 技术与微信、微博等社交软件的结合和关联，可以使用户方便、快捷地体验图书馆的线下服务。

第六节　服务支撑

电子书服务是一个整合性服务体系，它不仅仅是将电子书展示给用户，还要考虑如何更好地展示给用户，让每个用户找到自己想要的图书，让每本图书展示给想要阅读的用户，以及如何规范电子书服务，这些都是电子书服务必须研究的课题。

本书从用户服务角度、电子书行业角度及电子书的管理和评估分析角度，提出一个相对完整的电子书服务支撑体系。它包括技术支撑、人员支撑、标准规范支撑等。这些涉及连接用户与电子书的强大的服务支撑体系，是电子书服务模式的重要组成部分。

本书研究的技术支撑主要是指对用户分析的技术，该技术实现图书馆电子书服务的个性化、推荐化，适应当今移动互联网的主流趋势。人员支撑主要是指对图书馆员的综合素质及专业素质的管理。标准规范支撑是所有图书馆开展电子书服务、协同发展的基本保障和参考标准。

一、技术支撑

移动技术、互联网技术、大数据技术的发展使电子书服务呈现个性化、多样化、移动化的趋势，尤其是大数据技术的发展和应用，使基于用户兴趣、行为、习惯的分析成为可能。从原始的电子书到最终提供给用户，需要融合多领域的技术，涉及数字资源研究领域、计算机软件领域的多种关键技术，包括电子书格式转换技术、发布技术，检索技术、组织技术及版权保护技术、终端展示技术、大数据分析技术等。按照电子书从制作到通过平台面向用户提供服务的层次划分，电子书服务的技术体系包括数据层相关技术、电子书组织与发布相关技术、网络层相关技术和应用层相关技术。

1. 数据层相关技术

数据层相关技术主要包括数据处理相关技术、数据存储相关技术、大数据相关技术。数据处理相关技术主要是完成电子书内容加工，包括富媒体电子书加工技术等电子书内容加工技术，以及元数据收割及存储相关技术、数据格式转换技术、数据关联技术等一系列电子书服务的基础技术。数据处理相关技术是电子书服务的最基础部分，让电子书成为可操作的对象，为电子书的揭示、服务提供支撑。在这一层要配合相关的标准，解决图书馆与图书馆间、图书馆与其他行业之间的电子书互操作问题。电子书格式转换技术使不同类型的电子书可以转换成统一的、系统可识别的格式，从而更好地为用户提供电子书阅读服务，优化用户阅读体验。电子书内容加工技术是指电子书制作相关的技术，比如富媒体电子书、EPUB2.0/3.0 的相关技术。数据关联技术使电子书之间建立不同级别的关系，使电子书不再是单独的个体，为图书馆用户推荐服务提供技术支撑。数据存储技术是指用于存储、管理和保护电子书内容的技术手段和方法。这些技术确保电子书的数据安全、可靠、易于访问和长期保存。主要涉及文件压缩、数字版权管理、存储方式、数据加密、长期保存等相关技术。这里的大数据相关技术主要是为大数据分析提供基础的有关技术，如数据采集、数据存储、大数据计算等有关技术。

2. 电子书组织与发布相关技术

电子书组织与发布相关技术主要解决将电子书通过平台组织与发布的问题，向用户揭示电子书，包括电子书组织与发布、电子书检索、电子书版权保护及大数据分析相关技术。其中大数据分析是为电子书的深度组织与推荐提供技术支撑的，由于大数据技术的发展为图书馆"为人找书"提供了强大的技术保障，本书在这里重点阐述。

大数据分析基于用户阅读过程中产生的各种行为数据，如阅读记录、浏览记录、检索记录等，甚至是系统产生的网络日志。以这些数据为基础，通过数据挖掘技术发现用户的精确需求和偏好，图书馆可以更好地了解用户，提供更加个性化、精准化的资源推荐服务，进而提升用户体验，提高用户黏性。图书馆经过几年的发展，积累了大量的图书资源、用户资源相关信息。在大数据背景下，要通过对数据资源的收集、整合、分析、建模等流程，创建符合当前用户需求的个性化服务。大数据分析技术涉及数据存储、挖掘、关联数据分析等多个层面。在电子书组织和发布中，数据挖掘是一个很重要的技术支撑。在电子书服务过程中要注重对数据的深度挖掘，设定固定的算法，创建数据模型，找出数据之间的规律，将隐藏在数据之间的信息知识提取出来。图书馆数据挖掘模型主要分为以下两种类型：

- 图书推荐模型。注重对用户信息的收集，通过系统访问日志、数据采集脚本等相关技术，尽可能多地采集访问信息，根据浏览记录、阅读记录、阅读行为，以及图书之间的关联信息，形成图书推荐模型，向用户推荐其可能感兴趣的图书，实现为人找书。

- 用户分类模型。用户分类模型是从人的维度进行数据分析，发现不同群体之间的特点，是实现知识化推荐的用户数据基础。用户分类模型可以按照职业、学历、年龄、性别等用户属性，为用户打标签，从而可以根据不同的用户特点提供针对性的服务，有利于阅读的推广。对用户进行分类，还可以进一步发现非活跃用户的特点，找到流失用户的特点，为图书馆防止用户流失，扩大用户群体提供基础。

版权保护技术是电子书发布的一项支撑技术，在电子书服务中发挥着重要作用。在电子书服务中只有充分保证电子书版权，保证作者、内容提供商等电子书产业链各方的利益，才能保障电子书服务长期、健康地发展。要从版权保护技术、服务模式等层面进行全方位的探索，确保图书馆电子书服务过程中的版权问题。可以针对不同的服务平台采用不同的版权保护技术，在版权保护方面比较常用的有 DRM、防止批量复制和批量下载相关技术。

3. 网络层相关技术

网络层相关技术主要包括移动互联网相关技术、互联网技术、物联网技术等。网络层相关技术在电子书提供服务过程中可以作为次要因素考虑，是电子书服务的必要条件。在电子书服务平台建设过程中需要适当考虑各种网络的特点，针对每种网络特点采取适当的优化措施。

4. 应用层相关技术

应用层相关技术主要解决直接面向用户的电子书展示问题，主要包括终端相关技术（多屏同步等）、展示相关技术（如 HTML5、App 等）、用户交互相关技术、用户体验相关技术等。电子书面向的终端具有多样化的特点，诸如PC、手机、平板电脑等，在屏幕分辨率、大小、操作系统等方面均存在多种类型，一个人拥有多个终端也是常事。面对如此多样化、复杂化的终端，要能够利用相关技术，更好地适配各种终端。在应用层还包括直接与用户交互、用户体验的相关技术。在用户体验至上的今天，电子书服务必须提供友好的用户体验和用户交互，从阅读加载速度、用户阅读感受、电子书展示等各个方面提升用户体验。

二、人员支撑

电子书服务是图书馆发展的必然趋势，或者说数字图书馆、移动数字图书馆是图书馆发展的一个必然趋势。在数字图书馆时代，图书的存储方式、服务方式、服务内容都与传统图书不同，可以说电子书服务是一种集综合性、技术性、先进性于一体的服务形式。在电子书服务过程中，图书馆提供服务的质量及效果，人才起着极其重要的作用。因此，如何建设一支具有综合业务素质、开拓进取精神、勇于创新、与时俱进、拥有较强的技术才能的人才队伍成为数字图书馆时代迫切要解决的一个问题。

电子书服务的健康发展需要一支各个层级人才兼备的队伍作为保障。在电子书服务过程中，要注重人才队伍的建设，从电子书数据加工、电子书组织与服务、电子书版权保护、大数据分析、复合型管理、法律专业等各个层面进行人才的培养。

1.电子书数据加工人才

电子书对外服务首先需要对最基础的数据进行整合，比如对元数据、对象数据的整理，建立强大的电子书资源池，以此为基础提供对外服务。随着电子书服务的发展，富媒体电子书也逐渐进入大众视野，各种不同格式的电子书如何转换等都是电子书服务必须解决的问题。图书馆需要一支了解各种电子书格式，熟悉各种元数据、对象数据加工规范，了解富媒体电子书制作的人才队伍，在最底层解决电子书的源头问题。

2.电子书组织与服务人才

电子书服务的一大特色就是可以实现快速检索、快速定位、方便组织等。以已经规范化的电子书资源池为基础，对这些资源进行组织、发掘，为用户提供智能化的服务。这类人才需要具有敏锐的热点嗅觉，具有较强的知识组织能力，了解不同用户群体的阅读需求。这些人才是电子书服务的中坚力量，将一片混沌的电子书资源池与不同的阅读群体进行连接，最大化地实现电子书的价值，减少用户找书的时间，引导用户进行健康阅读。

3. 具备较强专业技术能力的人才

电子书服务是一项技术密集型的服务，需要具备较强专业技术能力的人才，解决电子书从存储到服务各个环节的专业技术问题。图书馆应该加强计算机软件开发、软件维护、数据库技术等较强专业技能人员的引进和培养，这类人才是电子书服务的关键，是电子书能够提供服务的技术保障。

4. 大数据分析人才

大数据正在以不容忽视的方式影响着人们的生活，数据正在成为一种重要的资源，也是图书馆电子书创新服务的一个重要源泉。图书馆经过图书馆自动化时代、数字图书馆时代已经积累了大量的数据，如何利用这些数据为图书馆创新服务，这就需要一批大数据分析人才，让这些数据流动起来。这些人才是图书馆电子书服务创新的重要人才，这批人才要熟练掌握数据分析技术、数据挖掘技术等大数据领域的相关技术，能够分析用户行为，并根据用户行为为用户提供精准化、个性化的图书推荐，真正实现为人找书、为书找人。

5. 复合型管理人才

电子书服务虽然经过了一段时间的发展，但是目前还处于比较混沌的阶段，没有形成固定的模式，而且电子书服务是一个不断发展、不断成熟的领域。在电子书服务过程中会出现各种问题，包括随着技术不断更新换代面临的技术难题，在图书馆对外合作过程中出现的多方利益平衡问题，以及如何建设比较成熟、适应性较强的适合图书馆的电子书服务模式问题等。这些问题的解决需要既具备多个领域的技术能力又具备长远发展规划能力的复合型管理人才。

6. 法律专业人才

电子书服务的一个重要环节就是要保证电子书的版权问题。在电子书服务过程中，保障电子书出版方、作者、读者等各方利益是图书馆必须考虑的问题。版权相关专业的法律人才可以利用版权保护相关法律、政策解决服务过程中涉及的侵权问题。因此，图书馆电子书服务过程中必须加强版权相关人才的培养。

三、标准规范支撑

目前，国内外电子书标准规范的研究主要集中在电子书的技术标准方面，即电子书的格式、描述（元数据）、标识及电子书阅读器（电纸书、Kindle）等硬件设备的标准，而图书馆提供电子书服务的相关规范鲜有涉及。由于电子书自身特点决定了图书馆电子书服务规范与技术规范等，因此，本书认为应该体系化研究和制定图书馆电子书服务规范，如图 5-4 所示，指导和规范行业内甚至商业电子书服务，最终达到降低用户阅读成本的目的。

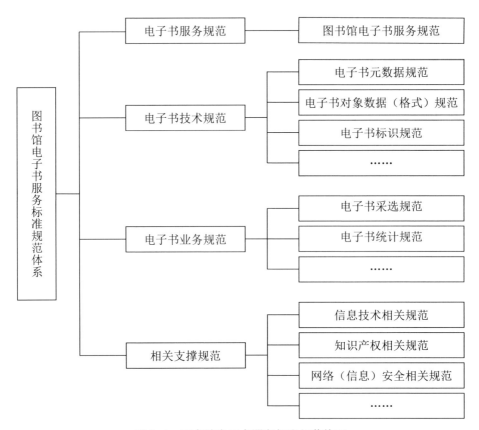

图 5-4 图书馆电子书服务标准规范体系

图书馆电子书服务标准规范体系应该由电子书服务规范、电子书技术规范、电子书业务规范和相关支撑规范组成。

1.电子书服务规范

电子书服务规范统一约定图书馆电子书服务的服务内容、服务形式、服务统计、服务质量与效能、服务宣传与反馈等。《中华人民共和国公共图书馆法》对图书馆服务提出了具体要求，我国也已经出台了《公共图书馆服务规范》（GB/T 28220—2023），一些省市也出台了图书馆服务规范，这些法律和规范为图书馆电子书服务规范的制定提供了依据和参考。电子书服务规范还必须充分考虑电子书和网络服务本身的特点，充分考虑不同类型图书馆服务对象、服务内容的差异，按照图书馆类别分别制定，例如，公共图书馆电子书服务规范、高校图书馆电子书服务规范等。

在图书馆电子书服务标准规范体系中，电子书服务规范是整个体系中引领性的规范，对于制定体系中其他标准规范、指导图书馆电子书服务具有重要作用。本书结合我国图书馆电子书服务的实际情况，提出了图书馆电子书服务规范的设计思路。总体上，图书馆电子书服务规范的主要内容应该包括服务内容、服务形式、服务统计、服务质量与效能、服务宣传与反馈等；规范的适用范围应该包括各级各类图书馆，考虑不同区域、不同级别图书馆的发展差异及图书馆服务对象的不同，规范的内容和指标应以定性为主、定量为辅，宜粗不宜细；图书馆电子书服务以网络为主要服务渠道，服务对象（用户）一般通过网络远程获取电子书，规范应充分考虑网络和用户远程使用的特点。

（1）服务内容

图书馆电子书服务规范首先要对电子书服务内容进行规定，包括电子书馆藏、服务平台主要功能、服务项目等。电子书馆藏建设应明确图书馆电子书采选原则，对电子书内容、质量、格式进行限定；服务平台主要功能除实现服务内容的功能外，还应明确保证平台具有版权保护、数据安全和网络安全防护、电子书管理和用户管理等功能；服务项目应倡导提供整合检索、知识关联、个性推荐、书评推荐、社交属性等服务。

（2）服务形式

服务形式主要指具体的服务渠道、服务终端等。随着信息技术的发展，用户对于图书馆电子书的服务形式提出了更高的要求。图书馆电子书服务规范应倡导公共图书馆提供多终端、多网络、全覆盖的电子书服务形式，即图书馆电子书服务应包含 PC 端、移动终端等多终端，应通过互联网、移动互联网等渠道传播，应覆盖残障人士等特殊群体用户。同时，图书馆电子书服务规范也应倡导图书馆拓展电子书在线阅读以外的服务形式，包括线上线下相融合的阅读形式和开展电子书相关的阅读推广活动。

（3）服务统计

图书馆电子书服务规范应明确规定图书馆提供电子书服务须开展服务统计，建设电子书服务平台应设计统计功能，并设定统计项目、说明统计指标含义，包括对服务资源的统计、服务用户的统计和服务效果的统计。电子书服务规范的服务统计与电子书统计规范有一定的联系，前者侧重服务中的统计，后者是电子书本身的计量，是前者的基础。电子书服务的服务统计既可以为图书馆电子书服务的绩效评价提供依据，也可以获取用户喜好数据，从而进一步提高电子书服务质量。

（4）服务质量与效能

服务质量与效能评价是当前公共文化服务质量的重要内容，《公共图书馆服务规范》（GB/T 28220—2023）中对公共图书馆的服务能力、服务效率进行了规定。图书馆电子书服务规范应在参考这些规定的基础上，提出电子书服务质量与效能指标，可以包括电子书馆藏建设评价、电子书服务平台评价、电子书服务方式评价、电子书服务使用评价等。考虑到图书馆的类别与级别不同，服务能力与服务对象存在差异，服务质量与效能指标可以分级制定。

（5）服务宣传与反馈

图书馆电子书服务规范应对图书馆电子书服务的宣传进行明确规定，包括服务告知、版权声明、使用帮助和活动推广等。规范应规定电子书服务界面须提供通俗易懂、操作方式清晰的电子书服务平台详细使用说明和帮助信息，以方便用户利用电子书。同时，为不断提高图书馆电子书服务质量，规范应利用电子书服务的技术特点，明确要求公共图书馆电子书服务建立反馈机制和监督机制，通过电子书服务平台自动获取用户的反馈信息和反馈意见，设定服务监督和考核办法，使其服务能够得到用户和相关人士的有效监督。

2. 电子书技术规范

电子书技术规范约定图书馆电子书、服务平台、相关设备的元数据、格式、标识、功能、技术指标等，包括但不限于电子书元数据规范、电子书对象数据（格式）规范、电子书标识规范、电子书阅读器设备规范、电子书保存规范、电子书发布规范及其他电子书服务平台相关技术规范等。目前我国已经公布的电子书标准规范主要是电子书技术规范，还缺少图书馆电子书服务涉及的平台功能和性能规范，且已有的规范往往由不同行业分别制定，没有充分考虑电子书的共建共享和服务平台的互操作性，亟待进一步完善和优化。

3. 电子书业务规范

电子书业务规范约定图书馆开展电子书服务的工作流程、工作内容和质量指标。根据电子书的生命周期，图书馆的电子书业务规范应该包括电子书馆藏建设采选规范、电子书编目加工规范、电子书统计规范，以及人员管理、版权管理等管理规范。其中，电子书统计规范应对电子书计量单位、副本情况、统计方式等进行约定，目前电子书的统计业界还没有达成共识，存储量、种册的计量单位同时存在，应逐渐规范统一。图书馆电子书服务的人员管理规范是对从事电子书服务的馆员数量、素质、培训等的约定；版权管理规范则是对电子书的版权状态、版权保护方式、版权保护效果等进行约定。《国家图书馆业务规范》[①]对国家图书馆数字资源的建设、编目、保存、服务等业务工作制定了专门的业务规范，其中就包括电子书相关业务流程和规范，为各图书馆制定电子书业务规范提供了参考。各馆可根据自己的机构设置、管理机制和业务流程，分别制定自己的电子书业务规范。

4. 相关支撑规范

相关支撑规范是制定图书馆电子书服务标准规范体系或开展图书馆电子书服务所应遵循、参考的基础标准规范，主要包括信息技术、知识产权、网络安全、数据安全、电子电气、图书文献等领域的相关规范。图书馆业界在建设电子书服务标准规范体系时，可以引用、参考或部分遵循这些相关支撑规范，事实上前述出版行业电子书标准、文化行业电子书标准都引用了诸多信息技术、网络技术的规范。但由于它们一般不是为图书馆电子书服务专门设计制定的，在参考引用时务必结合图书馆业务和服务的实际情况，不可教条地全部照搬。

---

① 毛雅君.国家图书馆业务规范[M].北京:国家图书馆出版社,2017.

第七节　服务评价

随着电子书服务越来越受到用户的推崇和图书馆的重视，图书馆电子书服务的绩效评估机制的建立也日显重要，成为健全图书馆电子书服务模式的重要组成部分。科学合理的电子书服务绩效评估机制有利于图书馆利用有限的电子书采购经费合理优化电子书馆藏结构，提升电子书利用效率、效能和价值，提高电子书的服务质量和用户满意度，从而进一步调整电子书服务决策，提高图书馆在数字资源服务领域的水平，满足数字阅读时代用户的需求。

国内图书馆界对电子书的评价、评估研究目前还比较少，通过"电子书＋评估""电子书＋评价""电子图书＋评估"和"电子图书＋评价"关键词检索中国知网期刊，共检索到百余篇论文，经过筛选，真正与电子书或者电子资源评估有关的有 46 篇，最早开始于 2004 年，涉及采购评估、质量评估、服务评估、评价指标体系构建等几个方面。数字馆藏（电子期刊、数据库等）的使用和服务的评价、绩效评估等方面研究比较多，但是绝大多数研究都浅尝辄止，仅仅停留在指出问题，建议完善电子书评价推荐机制，至于如何评价却未深入研究。国内外图书馆和机构有成熟的专门研究项目，比较有代表性的有欧洲委员会资助的电子图书馆服务绩效评价项目"EQUINOX"、国际标准化组织制定的关于图书馆统计数据的标准（ISO 2789：2022）附录 A 及美国研究图书馆协会主持的电子资源评价项目"E-Metrics"，关于这三个项目，在张宏玲的《国外数字馆藏使用及服务绩效评价指标体系述评》[①]论文中有详细的分析，三个项目对数据可获取性、绩效评价指标、馆藏统计等方面进行了研究，制定了各自的评价指标，具有一定的实践意义。国内也有一些相关标准，《信息与文献　图书馆绩效指标》（GB/T 29182—2012）中提及了数字馆藏、电子资源的相关指标。《图书馆数字资源统计规范》（WH/T 47—2012）中也对数字资源的服务统计进行了描述，对数据采集原则、使用情况统计等方面进行了规

---

① 张宏玲.国外数字馆藏使用及服务绩效评价指标体系述评[J].大学图书馆学报,2005(6): 63-69.

定。然而，针对电子图书还没有形成专门的绩效评估标准。陈铭在《基于"全评价"体系的图书馆电子书评价研究》[①]中提出了一种电子书评价指标体系，从电子书形式评价、电子书内容评价、电子书效用评价三个层面进行了阐述，具有非常高的借鉴价值，其中对阅读器的评价侧重于"电纸书"的评价指标。

本书在设立图书馆电子书服务评价指标体系时依据以下原则：首先，所设指标体系能全面、完整地反映图书馆电子书的本质特征，各方面指标不孤立、不重复、不遗漏，既相互独立，又互为补充；其次，评价指标都是易获得、可量化的具体数据；再次，指标具有代表性，能够全面反映图书馆电子书服务情况；最后，指标体系层次需清楚，结构合理，同一层次上的指标不具有包含关系。因此，本书针对电子书的特点，围绕电子书服务各个环节，从电子书的馆藏建设、服务方式、服务平台等多个方面考虑设立图书馆电子书服务评价指标体系，拟将整个指标体系划分为三层，4个一级指标，11个二级指标，25个三级指标的体系结构，对图书馆的电子书服务进行全方位的评估，如图5-5所示。

一、电子书馆藏建设评价

电子书馆藏是图书馆提供电子书服务的基础，因此图书馆电子书馆藏直接决定了其提供电子书服务的能力。为了更好地促进图书馆电子书馆藏建设，提高电子书馆藏利用率，需要对图书馆的电子书馆藏建设进行评价。从电子书馆藏建设的角度可以有以下评价指标：

1. 电子书数量

足够多的电子书才能够支撑起图书馆的电子书服务，否则用户在检索图书馆的电子书资源时，命中率太低，会造成大量用户流失，是一种非常不好的体验。

2. 电子书质量

图书馆不同于商业机构，不但需要倡导全民阅读，还要引导公众健康阅读。因此，图书馆在电子书建设上应该严把质量关。电子书的质量可以通过以下指标衡量。

---

① 陈铭.基于"全评价"体系的图书馆电子书评价研究[J].图书与情报,2012(1):22-26.

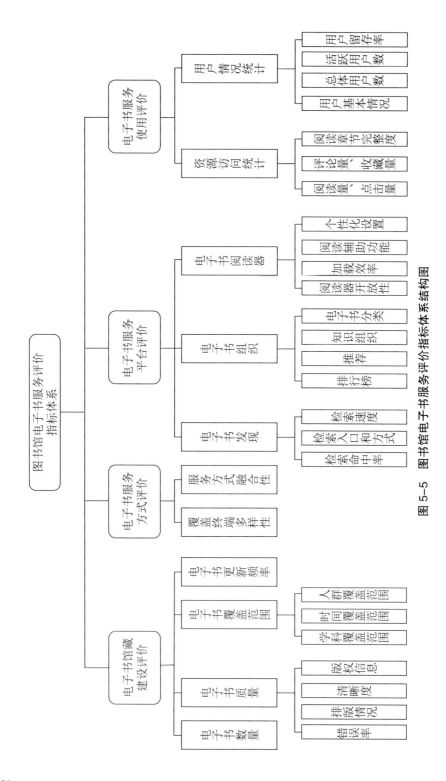

图 5-5 图书馆电子书服务评价指标体系结构图

- 错误率：主要指错字率。一本优良的电子图书，错别字首先要控制在一定的范围内，不能影响用户的阅读。
- 排版情况：包括目录、间距、章节完整性、字体统一、格式规范性等。
- 清晰度：无论是哪种格式的电子书，要保证清晰度，让用户清晰可见。
- 版权信息：有一定的版权保护信息。

3. 电子书覆盖范围

图书馆电子书要做到覆盖多学科、多人群，时间跨度长，以减少图书馆用户的"拒借率"（找不到电子书的概率）。图书馆在经费允许的情况下，应该通过自建和外购方式购买多种类、覆盖更多年代的优质电子书。

- 学科覆盖范围。在结合用户需求的前提下，尽量保有覆盖较多学科的电子书，满足不同专业人群的阅读需求。
- 时间覆盖范围。在结合用户需求的前提下，尽量保有覆盖更多时代的电子书。
- 人群覆盖范围。在结合用户需求的前提下，尽量保有覆盖多种人群的电子书，比如儿童题材电子书，以及适应盲人读者的听书内容。

4. 电子书更新频率

对于用户需求量比较大的休闲类电子书，如小说，图书馆应该保持较快的更新频率，保证用户能够从图书馆获取大部分的畅销书。

二、电子书服务方式评价

在服务方式层面，图书馆应该提供尽可能多种方式的电子书服务，囊括多种终端的服务，只有这样，才能覆盖尽可能多的用户。各种服务方式之间要相互融合、相互关联，充分挖掘资源的知识性和关联性。关于电子书服务方式的评价可以从以下几个层级进行评价。

1. 覆盖终端多样性

图书馆电子书服务建议覆盖更多的终端，如 PC 端、移动端（手机、PAD 等）、微信，甚至手持阅读器、数字电视等。

2. 服务方式融合性

图书馆电子书各种服务方式之间最好能够相互联通，比如可以从 PC 端直接访问到移动端、微信端等，以便拥有多终端设备的用户可以自由切换访问终端。

三、电子书服务平台评价

一般来讲，无论是基于哪种终端，图书馆的电子书服务需要借助一定的平台才能为用户提供服务，如通过 Web、App、手机页面等。在服务平台层面，主要涉及电子书通过平台对外提供电子书服务的能力，包括电子书的阅读辅助功能、检索命中率、检索入口和方式、检索速度、知识组织、电子书分类、阅读器开放性、加载效率及个性化设置等方面。图书馆电子书服务平台应该能够提供快速发现电子书的功能，提供多种电子书揭示手段和知识组织功能，做到为人精确找书、为书精确找人。电子书服务平台评价指标建议包括如下几类。

1. 电子书发现

电子书发现主要是指与用户检索图书有关的指标，建议如下：

- 检索命中率：用户输入关键词，精确检索到结果的概率。

- 检索入口和方式：平台提供给用户的检索入口和检索方式的数量。可供选择的越多，用户就越方便，就越能找到需要的图书。目前检索方式可以有文字输入、语音识别、扫描二维码等多种。

- 检索速度：读者检索电子书时，从输入检索词提出检索申请到获得检索结果所花费的时间。

2. 电子书组织

电子书组织主要是按照某种方式，将系列图书通过平台展示给用户，对电子书进行深度挖掘，主动向用户推荐一些满足其需求的电子书。

电子书组织可以通过以下指标衡量：

- 排行榜：按照点击、阅读、收藏等功能标准，提供电子书的访问排行，从而向用户推荐热门图书。

- 推荐：平台可以进行一些主动的推荐，如编辑推荐、新书推荐、相关推荐等。

- 知识组织：知识组织是指将一系列相关主题的图书进行组织，如组织成一个专题等，方便用户进行系列阅读，而不用查找。

- 电子书分类：分类也可以看作一种组织，分类明确，用户可以通过分类方便地获取所需电子书。

3.电子书阅读器

通常电子书是通过阅读器进行阅读的，可以是专门的电子书阅读器软件，或者设计成方便阅读的文本解析器，还可以是借助手持阅读器等硬件。无论是哪种阅读器，都要以方便阅读为目的。可以通过以下几个指标进行评估：

- 阅读辅助功能：可以方便地在目录之间进行跳转；可以以一定方式记录并显示阅读进度；可以根据个人喜好进行收藏、加入书架等操作；可进行社交互动，将部分文字分享到社交软件（该指标可以根据版权等情况增、删、改），可以对图书进行评分等互动操作。
- 个性化设置：可以进行夜间／白天模式、字体、间距等一些设置。
- 阅读器开放性：阅读器需要支持多种常见的文档格式，如 PDF、EPUB、TXT 等，支持的格式越多，兼容性、开放性越强。
- 加载效率：电子书阅读器能够快速加载图书、性能优良。加载效率是评价电子书阅读器的一个重要指标。

四、电子书服务使用评价

电子书服务的使用者是用户，理所当然，图书馆电子书服务质量最终要由用户来评价。电子书服务平台搭建完成后，上线运行并对用户提供服务，同时收集用户的访问数据，利用这些数据对图书馆电子书的服务进行统计分析，以这些数据分析结果为依据，反过来指导图书馆的电子书服务，适时调整服务政策、服务内容、应用层界面结构等，以便更好地为用户提供服务。

服务使用评价可以借助大数据相关技术，进行大数据分析。大数据分析是一个比较复杂的分析系统，需要成熟的数据模型对平台运行的累积数据进行深度分析，形成"数据收集—数据处理—数据建模—精准化推荐—用户反馈"的良性循环数据链，为平台提供知识化服务、进行精准化推荐提供数据支撑。根据用户的反馈还可以适当调整数据建模的参数类型和参数值，使数据建模更加精准，形成适合平台特色的大数据推荐系统，提高用户留存率和电子书的利用价值。

充分利用平台提供的访问数据，电子书服务使用从用户和资源两个维度进行评估。

在资源方面，可以电子书的点击量、阅读量、收藏量、评论量、阅读章节完整度为指标，这些指标可以单独进行衡量，也可以多个一起通过一定算法加权获得相应数据。其中评论量、收藏量等涉及用户行为的指标，可以根据平台功能设计时的用户行为情况适当改进，如可以增加点赞量、推荐量、分享量等。阅读章节完整度作为一种深度阅读的指标，对图书馆采购电子书具有很高的价值，可以根据阅读章节多少的图书分类情况、出版社情况、作者情况等为采购电子书提供很好的参考。多个指标融合的情况，如可以根据阅读量和点击量的对比情况，分析用户为何只是点击图书而没有进一步阅读图书，是平台设计问题还是图书本身的问题，也可以进一步结合试读量综合评价，为平台功能设计、图书采购提供很好的依据。

从用户层面，可以根据平台总体用户数、用户留存率、活跃用户数、用户所在地区分布、年龄分布、男女分布等情况进行用户层面的分析，从而为平台的宣传推广、平台功能改进等提供支撑。用户层面的电子书使用评价可以采用以下指标：

- 总体用户数：总体用户数是指使用电子书服务的所有用户数量。
- 活跃用户数：以一段时间阅读图书的次数为依据，界定活跃用户数。
- 用户留存率：活跃用户数 / 总体用户数，用户留存率可以直接反映平台的使用效果。
- 用户基本情况：包括用户的年龄分布、性别分布和所在地区分布，从不同角度评价电子书影响的人群及广度。

第六章　公共图书馆电子书服务平台

本章根据电子书特点，结合第五章提出的电子书服务模式，设计图书馆电子书服务平台。服务平台采用云架构，整合电子书服务的完整业务流程，包括电子书资源的采选、组织、发布和服务，实现数据资源和计算资源的优化管理和利用，为机构和个人提供电子书资源的发布和访问平台，实现地理上和物理上分布的异构电子书资源的统一检索和获取，兼容多种终端、融合多种网络，覆盖多种服务方式，实现读者从阅览室到家的无缝衔接。平台预留标准接口，建立相应标准规范，能够较为便捷地与电子书产业链其他角色及平台对接，从而形成与出版商、电商及作者，建立分工合作、优势互补、互利共赢的市场化、商业化的经营模式，推动图书馆电子书产业的发展。

第一节　体系架构

图书馆电子书服务平台采用云架构的模式，支持云部署、云服务，在行业标准和版权保护等保障下，为最大范围的用户提供电子书服务。总体体系架构分为三层，如图 6-1 所示。底层是整个平台的核心，是系统管理平台。该平台通过云架构对电子书资源的采选、组织、发布和服务进行统一部署和调度，实现电子书资源的按需服务。另外，系统管理平台负责整个服务平台的版权管理、内容管理、绩效评估、资费管理、权限管理、用户管理、接口管理，以及大数据分析等。中间层主要由平台的业务模块组成，包括电子书采选、组织、发布和服务的整个业务流程。采选平台负责汇聚地理上和物理上分布的电子书资源，来自不同作者、出版社、第三方商业机构（例如当当网、京东等），以及图书馆等文化机构等。除接收不同来源的数据，还需在采选平台完成数据格式、内容等的审核。组织平台负责对汇聚的电子书资源进行统一组织，包括格式转换、结构化处理、知识化管理、分类管理等。发布平台对电子书资源进行全媒体的开放式发布，实现资源的一致化封装，并可提供定制的按需发布。服务平台提供电子书资源的统一检索、获取、借阅、线上线下互动等功能。服务平台通过新媒体与用户进行形式多样的互动，向系统管理平台提供用户交互数据，通过大数据分析模块进行分析，分析结果为电子书服务业务流程提供反馈，一方面为图书馆资源采选提供决策依据，为资源提供方提供一定的标准规范；另一方面为根据用户需求变换资源组织方向和服务方式提供重要的参考。前端为展示层，主要用于展示电子书，并且适用于网站、App 与微信小程序等日前主流的展示媒体。基于平台所提供的 Web Service 接口，可以随着前端的变化快速构建展示层来提供服务，满足读者数字阅读多样性的需求。

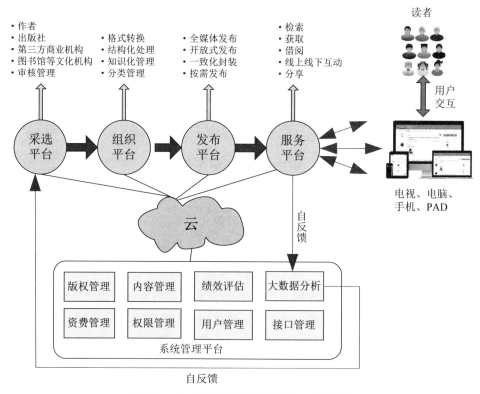

图 6-1　图书馆电子书服务平台体系架构图

第二节 数据流、业务流

本节从平台数据流和业务流的角度展开研究，数据流包括资源、管理者和用户各方产生的数据，业务流主要介绍电子书资源的采选、组织、发布和服务的一体化流程。

一、平台数据流

平台数据流主要包括平台汇聚数据（即电子书资源，贯穿于数据汇聚、存储和传输等环节）、资源上传者/提供者（如各种业务机构、第三方机构、作者和出版社等）的数据、平台系统管理数据（日志、系统监控数据等）及用户数据（基本信息、行为数据等），如图6-2所示。电子书资源是服务平台的核心，数据的存储、汇聚和安全传输关系着整个平台的正常运行，所以电子书资源的管理是重中之重。平台中数据资源来自不同机构，格式各异，并且物理位置各异，平台在管理中要在数据组织的基础上形成统一的规则，确保数据管理的统一性，以及数据更新的及时响应。

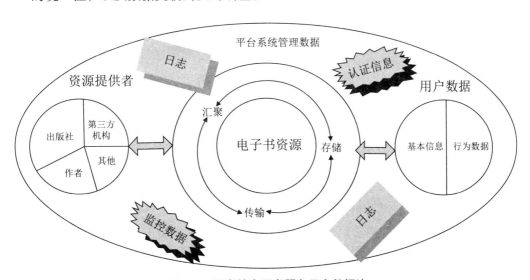

图6-2 图书馆电子书服务平台数据流

管理者可以根据资源上传者的贡献，制定积分制度赋予其相应的权利，进而实现资源的共建共享，还可以根据用户的注册信息赋予其一定的权限，确保资源的精细化服务。

此外，对于平台中的日志数据，以及用户行为数据，管理者可以有效利用，并反馈给平台的大数据分析模块，进而实现电子书资源的采选和服务的定制化和按需优化。

二、平台业务流

平台业务流主要包括电子书资源的采选、组织、发布和服务的一体化全生命周期流程，如图 6-3 所示。平台将这四个环节统一设计，形成有机整体，环环相扣，在相辅相成的前提下，确保各个环节的相对独立性，从而实现了每个环节的轻量级管理，并为下一环节提供保障。

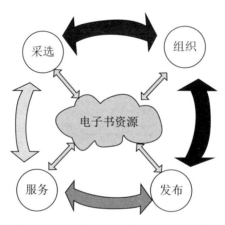

图 6-3　图书馆电子书服务平台业务流

电子书资源的采选是整个业务流的第一步，也是整个平台的基础。电子书资源采选环节在确保资源的安全性、可靠性的基础上，实现数据资源的汇聚，为平台的其他环节做好数据支撑。

资源采选之后，需要对电子书资源进行有效组织。由于采选过程中汇聚了不同来源、不同格式、不同物理位置的数据资源，所以数据的有效组织显得尤为重要。在数据组织中，本着求同存异的原则，完成各类元数据和对象数据的存放、组织和管理。同时，建立知识挖掘工具及知识组织模型，形成逻辑化、产品化、个性化的元数据库、对象数据库和知识库，实现数据的统一标识和统一管理，为数据资源的发布平台提供预处理的数据。

电子书资源经过数据组织之后，便可在版权许可范围内通过平台进行统一发布。在发布过程中，要充分考虑开放性原则，实现数据资源的统一封装，对于参加共建共享的机构，只要经过管理员的许可，就可以实现资源的共同发布。

数据发布之后便可为计算机、手机、数字电视等各种终端用户提供无缝的、精细化、个性化和多样化的电子书服务，包括电子书资源的检索、浏览、下载等，这也是平台建设的初衷和终极目标。

第三节　功能模块

一、业务平台

1.采选平台

采选平台不但可以接收不同内容提供者的电子书，还可以收割/采集网络资源，实现多来源、多格式、多接口的统一接收管理，为电子书资源的组织、发布、服务提供基础支撑。采选平台示意图如图6-4所示，下面具体描述采选平台的功能特点。

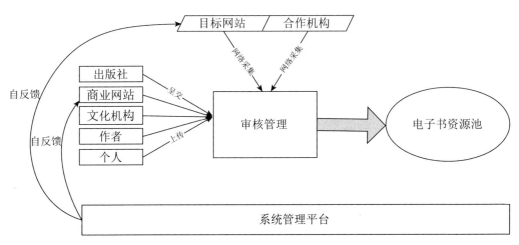

图6-4　采选平台示意图

（1）广泛接收多来源、多格式的数据

采选平台可以通过单个和批量上传的形式接收多种来源的电子书，不仅包括出版社、商业网站、文化机构等第三方机构的电子书资源，图书馆的自建电子书资源，还允许作者和个人用户上传自己的原创作品。这样一方面增强了平台与用户之间的互动性，另一方面也加强了平台的开放性和包容度，在一定程度上有效引入原创资源，满足不同用户的阅读需求。同时，平台具有严格的数据审核制度，图书馆员需要对各种来源尤其是个人用户上传的资源进行专业严格的审核，通过的资源方可进入采选平台的数据库中，为组织平台使用。

（2）网络采集

采选平台具有网络采集和资源收割的功能，可以制定一定的策略，向目标网站、合作机构进行资源采集和收割，从而扩充电子书服务平台的资源库。

（3）自反馈信息接收

采选平台接收系统管理平台的自反馈信息，根据自反馈信息对未来采购、数字化加工等业务进行指导。其中自反馈信息包括用户推荐、机构推荐、用户访问率等信息。平台可以开放接口，通过积分制的形式，赋予一部分 VIP 用户推荐电子书资源的权利，然后根据用户或机构的推荐结果进行采选，在一定程度上实现读者需求驱动采购。此外，在平台中，大数据分析模块负责统计分析用户关注的数据信息，将结果反馈给采选平台，平台能够选购用户关心的电子书资源。其中推荐和访问率都可以作为采选平台的一个重要参考指标，为用户的精细化和个性化服务提供思路。

（4）审核管理

采选平台对接收到的不同来源的数据，需要进行用户权限、数据格式、数据规范性、数据内容等的审核，只有审核通过的数据才可以进入组织平台中。

电子书资源的采选平台要重点解决以下几个方面的问题：

一是实现采选流程的规范化。要制定或遵守采选审核、采选策略、保存格式等相关的行业标准，保证电子书资源的完整性和长期可获取性，提高电子书资源采选的工作效率。

二是实现采选手段的多元化。针对不同采集对象使用不同类型的采集工具，实现不同语种、格式的电子书资源的有效采集，保证电子书资源采选的全面性和准确性。

三是实现采选平台的复用性。支持根据实际需求可伸缩部署的建设方案，便于采集规模的扩展和建设成果的推广。

2. 组织平台

组织平台（见图6-5）的主要功能是对采选来的电子书资源进行格式统一化管理、标识化管理、知识化管理和分类管理，为发布平台提供标准化的数据。

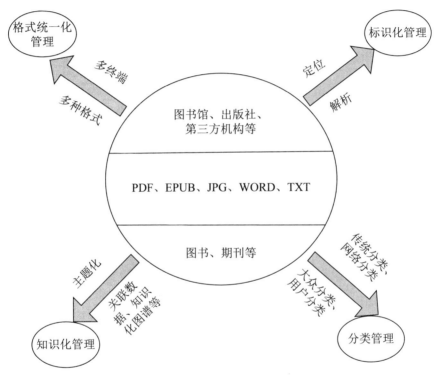

图 6-5　组织平台示意图

（1）标识化管理

标识化管理主要是给每个资源打上唯一标识符，就像每个人都有一个身份证号一样，每个资源都有一个唯一的"身份证号"。资源的唯一标识符内记录着资源的基本信息、格式、位置信息、URI（Uniform Resource Identifier，统一资源标识符）等，它贯穿数字资源的采选、组织、发布和服务等数字资源的全生命周期。通过对资源的标识化管理，可以将数字资源全生命周期的各个环节进行规范管理和统一标识，实现资源的精准定位。

电子书服务平台采选的数字资源来源于图书馆、出版社、第三方商业机构及个人作者等，来源较为广泛，数字资源在类型、格式、版本等方面存在一定的差异性。因此，组织平台首先要选取符合各种类型资源的唯一标识符规范，在此规范下进行数字资源的唯一标识工作。经过调研，国家数字图书馆已于2002年开始了数字资源唯一标识符的研究，2008年开始研制数字资源唯一标识符标准规范项目，并出版了《国家图书馆数字资源唯一标识符规范和应用指南》[①]，明确了CDOI（China Digtal Object Identifier，国家数字图书馆唯一标识符）系统的建设规范，2012年12月建成了唯一标识符系统，已经在数字图书馆推广工程中得到广泛的应用。因此，组织平台在对资源进行唯一标识时，可参考《国家图书馆数字资源唯一标识符规范和应用指南》。

其次，对数字资源进行唯一标识时，能够对数字资源进行数据查重、校验，为各个渠道采选来的资源分配唯一的标识符。另外，能够对每个唯一标识符对应的对象数据URL（Uniform Resource Locator，统一资源定位符）地址进行管理，可以为电子书服务平台提供唯一标识符解析服务，进而获取全文资源。

（2）格式统一化管理

为了实现数据的开放性、标准性，组织平台要进行数据的格式统一化管理，统一成为高普及率和高认知度的开放格式，从而可以在PC、手机、PAD等不同终端使用，也可为第三方系统提供开放数据服务。

目前，主流的电子书格式有PDF、EPUB、JPG、WORD、TXT等。由于电子书服务平台的资源来源于不同的机构，格式会各有不同。因此，为了便于统一发布，为用户提供良好的阅读体验，组织平台应该将数据的格式进行统一转换。

（3）知识化管理

电子书服务平台不但要实现电子书的普遍化服务，更要突出知识化服务，在海量电子书资源池中通过知识化管理，实现数据间的关联建设、知识关联和知识推荐。

---

① 孙坦,宋文,贺燕.国家图书馆数字资源唯一标识符规范和应用指南[M].北京:国家图书馆出版社,2010.

为了更加深入地标识和揭示资源的内容，需要对元数据进行主题化处理。一方面沿用图书馆分类法的定义，按照元数据所属的分类进行划分和关联管理。另一方面，深入资源的内容层面，从资源的题目、作者、主题等角度进行主题化划分，将资源与资源之间关联起来，从而扩大用户对资源的获取程度。

关联数据、知识化图谱、可视化等技术也有助于资源间知识的发现与揭示[①]。通过关联数据技术将数字资源的元数据以 RDF（Resource Description Framework，资源描述框架）的标准进行组织，资源之间产生知识关联，进而形成关于某一知识点的资源聚合发现。

（4）分类管理

在海量电子书资源池中，要对资源进行精细化的分类管理，可从学科、主题等角度组合和揭示数字资源。分类不但包括图书的传统分类，还支持大众分类、用户分类及接收用户的分类推荐等，借助用户的分类数据，从而形成电子书分类体系。

传统的文献分类法，如中图分类法、杜威十进分类法、美国国会图书馆分类法等，为了适应数字资源的组织和管理，都推出了数字化和网络化的分类法版本[②]。由于电子书平台的资源量很大，可利用传统的分类法，如目前国内应用较广的中图分类法，对大量资源进行分类。

主题词法，也称叙词表法，是以表达文献主题内容的词语作为标引对象，通过文献进行主题分析与标引，按照主题词字顺进行组织的分类方法。对于电子书平台的数字资源，可采用主题词法，如环境保护、机器人等主题，组织资源形成专题。

除了利用传统文献分类法和主题词法对数字资源进行分类管理外，目前一些搜索引擎、门户网站、图书购物网站纷纷编制了网络分类法，更贴近用户的使用习惯。电子书平台也应该积极利用网络分类法，较典型的网络分类模式有：网络分类目录，也称主题指南，是一种按照信息资源内容的等级和关系建立的网络检索工具，提供数字资源的分类浏览和导航；Folksonomy，这种知识

① 杨静,夏莹,聂敏娟.基于知识图谱的跨文化传播可视化分析——以1998—2014年CSSCI数据为例[J].文化与传播,2015(3):103-110.

② 白国应.文献分类法[J].国家图书馆学刊,1988(3):52-54.

组织形式起源于 Web2.0 社会化网络，是一种由非专业人员创建的信息分类法，也称"大众分类法""民间分类法"等。大众分类法充分发挥民间用户的智慧，从用户使用习惯角度对资源进行分类，更切合用户的使用习惯[①]。

3. 发布平台

电子书发布平台（见图 6-6）可以接收来自组织平台的数据，实现全媒体式、开放式发布服务；接收来自不同文化机构、不同资源提供商的数据，实现数据一致化封装；该平台还可以利用云服务实现按需发布。

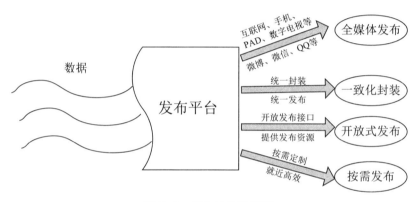

图 6-6　发布平台示意图

（1）全媒体发布

随着移动终端的发展和普及，发布平台可以对电子书资源进行全媒体发布，不但支持互联网终端发布，还支持移动端、数字电视端、触摸屏端的统一发布。针对从组织平台接收的数据，可以实现一次发布，多终端展示、多终端服务、多终端关联。例如，针对电子书，可以通过全媒体发布功能，一次性发布，实现互联网访问，移动手机、PAD、数字电视等不同类型的终端访问。这个功能，可以有效提高资源发布的效率，更利于实现跨屏阅读的服务效果。目前，一些公共数字图书馆的数字阅读平台已经实现 PC、手机微站、App、数字阅读机等各种终端的电子书发布和服务，为用户提供全媒体、全终端的数字阅读服务，受到广大用户的欢迎。

① 沈红玉.网络信息资源的几种检索技巧[J].牡丹江师范学院学报（自然科学版),2006（1）:69-71.

发布平台还可以支持指定终端的资源发布，实现适应终端的按需发布、定向发布。为了适应全媒体的服务需要，发布平台需要具有灵活性、可定制性、可扩展性和通用性。发布平台可以根据终端服务的需要，定向发布电子图书，从而达到一个平台满足多种发布需要的目的。

（2）一致化封装

发布平台具有开放性、统一性、适用性，因此不但可以接收组织平台的数据，更可以接收来自不同文化机构、不同资源提供商、作者、用户捐赠的电子书数据。在通过严谨的数据审核后，发布平台需要对这些来源多样、格式丰富的数据进行一致化封装，从而实现数据统一化管理，进而为服务平台的检索服务、在线阅读、知识发现提供数据基础。

（3）开放式发布

发布平台不仅能支持本系统管理员的发布，也支持第三方机构在平台的发布，对于权限级别较高的机构，发布平台开放发布接口，允许机构自己发布电子书资源。

随着云服务逐步普及，各个机构要实现电子书的发布，不再需要各自采购硬件、建设软件平台、执行数据发布等一系列工作，完全可以采用云服务的模式、借助云服务的便捷，完成自己的电子书发布，实现电子书的对外服务。发布平台可以为各个机构提供云服务，通过严谨的审核制度、灵活的发布功能，支持各个机构按照自己的需求在发布平台上进行电子书的发布。

数字图书馆推广工程移动阅读平台即是采用云服务模式，构筑云服务中心，无须各地公共图书馆任何软硬件的投入和维护，就能快速建立本馆移动服务，并且在平台上发布本馆电子书资源实现图书馆间资源的共建共享。然而移动阅读平台的所谓"机构"只是局限于公共图书馆，云服务模式可以扩大到资源提供商，比如出版社、作者或个人用户，增强平台上的电子书产业链不同角色的参与度，做成一个真正开放的电子书发布平台。

（4）按需发布

发布平台采用模块化组织功能，可以为第三方机构提供"按需发布"的资源发布支持。当第三方机构只需要某类电子书发布需求时，发布平台可以灵活地模块化部署或者以云服务的模式提供服务支持，从而实现该机构的电子书发布和终端服务。

为了支持"按需发布"的功能，发布平台采用分布式部署模式，在主中心的云架构下，对云中所有的机构进行统一管理和发布任务的按需调度。在实现云中发布任务的调度管理中，采取就近高效原则，充分发挥各个发布节点的计算效率，实现整个服务平台的最优化管理，从而最终满足各个第三方机构的电子书发布需求。

4. 服务平台

图书馆电子书服务平台（见图6-7）既需要无缝链接上游各种不同资源厂商的内容及阅读平台，还需支持下游各种阅读终端，并支撑起网站、App、微站等多样化的阅读模式，适应读者个性化的阅读需求[1]。针对不同资源厂商，平台需兼容其不同的资源格式，如图片、文字、视频、音频，并能通过本地EPUB、TXT、厂商平台链接、镜像平台链接等多种方式接入；针对广大读者，平台需能提供多种模式的访问，并能提供统一检索、单点登录、借阅等丰富的阅读辅助功能。

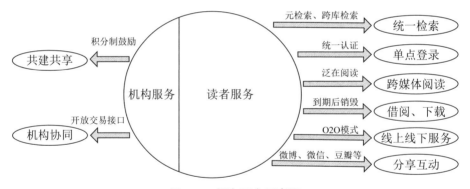

图6-7　服务平台示意图

（1）读者服务

①统一检索

随着数字图书馆的建设与应用，读者对电子资源的检索、使用需求也不断增强，原来资源分散、单一的检索模式已经无法满足读者多样化的需求。因此，对不同来源、不同类型的数据进行统一检索和揭示，是图书馆电子书服务的关键。

---

[1]　张磊.基于元数据整合的图书馆电子书阅读平台[J].图书馆杂志,2015(11):13-17.

统一检索包括两种形式：元检索与跨库检索。

元检索是指基于元数据仓储平台的数据搜索，对图书馆内部来源不同的数字资源进行数据整合，实现多数据源的元数据本地化采集、存储和管理，利用统一检索引擎进行检索分发，检索各元数据库，然后对检索结果进行二次加工，如去重、合并、排序和动态分类，以统一的格式将检索结果返回给用户。

跨库检索是指借助同一检索入口，以同一检索条件，利用统一的检索方法，并发地检索多个同构或者异构数据源，并对检索结果进行整合、分类排序、站点评估和优选，以统一的格式呈现给读者的信息检索方式。

②单点登录

采用单点登录机制集成多个外购数据库资源和应用系统，如出版社、电子书厂商等提供的电子书服务系统，使得读者只要从任意一个与系统进行单点登录集成的应用成功登录后，访问其他已接资源和应用都无须再次登录。

该功能可将图书馆不同的服务系统有机地结合起来，实现统一认证，有效地管理读者信息和权限，而且能通过系统图书馆之间的认证系统相互信任和登录，读者可以无缝访问图书馆的数字资源，为全国各地公共图书馆资源共享和读者权限管理奠定基础。

③跨媒体阅读

跨媒体阅读本质上是一种泛在阅读（Ubiquitous Reading），兼具传统阅读与数字化阅读的特点，即任何人在任何地方、任何时刻利用身边随手可得的任何装置自主地获取其所需要的任何内容和信息，并自由地与人分享、共享和沟通的数字阅读和学习方式[1]。跨媒体阅读是在移动互联网技术的支持下，视频等数字内容紧密配合图书文字内容，以书为平台，以手机等为跨平台终端直接呈现，实现了图书的文字内容与数字内容的高度融合，强调资源立体化、可视化、互动化，强调用户的学习体验感、移动性、聚合化，满足移动互联网时代的阅读与学习需求[2]。

平台支持跨媒体阅读的功能，必须达到以下几个指标。便捷：通过嵌入二

---

[1] 徐雪峰.高校图书馆跨媒体阅读的推广及其解决方案[J].内蒙古科技与经济,2016(23):3.

[2] 王佑镁.跨媒体阅读:整合O2O与MOOCs的泛在阅读新趋势[J].中国电化教育,2015(1):22-28.

维码等连接技术，阅读者可以快速获取多种阅读平台的大量资源。数据思维：通过阅读过程的各种数据记录，可以分析读者的阅读偏好，预测个性化阅读需求，同时通过实时监控读者的反馈和行为变化，还能及时调整个性化推荐策略。用户体验：通过跨媒体阅读，可以满足用户对多种阅读信息内容、资源格式、移动操作等多样化体验需求。多屏同步：跨媒体阅读的本质就是一个账户能跨越多平台（Android、iOS、Symbian、Web 等）、多终端（手机、PC、平板电脑、数字电视等）阅读，此时，需要保证各个平台间的阅读进度一致，读者在不同的终端登录后能够自动更新同步。

④电子书借阅、下载

电子书服务可以完全模拟纸质书的借阅模式，利用 DRM 技术实现复本控制和保证"个人用户"使用，一个"复本"只能在一台设备上打开，并对每个"复本"设置借阅的天数及次数，到期后就自动销毁。由于版权原因，目前图书馆电子书在服务过程中不得不加上严格的 DRM 和其他与阅读器、平台捆绑的政策，这是以牺牲数字媒体发挥其无与伦比的优势为代价的。然而，对图书馆而言，理想的电子书借阅模式应该实现平等获取、自由流通、平台独立、隐私保护、无障碍阅读、版权保护、保存和共享等七方面功能，但这不可能一蹴而就，需要图书馆站在公益立场平衡各方利益逐步实现。

⑤线上线下服务（O2O）

服务平台要强调线下传统阅读与线上数字化阅读的贯通融合，通过 O2O 应用技术的连接，以传统纸媒阅读来传递读者的阅读需求，以数字媒体阅读来实现读者的阅读价值和多维体验[①]。当读者线上阅读电子书时，如果对这本电子书感兴趣，可在线上预约借阅相应的馆藏实体书或在网上一键购买，线下通过快递送到读者手中。

⑥分享互动

服务平台建设过程中要注重互动性，支持读者与读者、读者与作者之间必要的交流，支持基于阅读的社交服务功能。在提供电子书阅读内容的同时，可与当前一些热门的服务应用相结合，如目前广为使用的微博、微信、豆瓣阅读

---

① 王佑镁.跨媒体阅读：整合 O2O 与 MOOCs 的泛在阅读新趋势[J].中国电化教育,2015（1）:22-28.

等都有广泛的用户基础，可通过与这些服务应用系统的结合，促进读者之间的交流和阅读内容的分享。从长远来看，阅读平台服务的社区化发展是必然的趋势。图书馆电子书服务平台应加强"数字阅读＋主题社区"类的服务模式来改善用户的阅读体验。特别是云技术的发展及其对阅读服务的影响，服务平台还应基于用户体验不断进行创新，为用户提供更好的阅读内容和服务[1]。

（2）机构服务

①机构协同

电子书服务平台作为交易平台，为需要进行资源交易的机构提供资源的购买、资金支付等功能。

②资源共建共享

服务平台除了整合自己平台内的内容资源外，还需要具备开放共享的功能，以实现不同图书馆或机构之间阅读服务平台的互联互通，以实现资源共享，实现共赢的目标。

为鼓励机构进行电子书的共建共享，平台可制定相应的积分制度，机构可在此平台上进行电子书的上传，获得积分，然后用此积分去下载其他机构的电子书。

二、系统管理平台

1. 内容管理

公共图书馆电子书服务平台内容管理主要涉及对平台的电子书进行增、删、改等操作，对发布后的电子书资源进行增、删、改、审核、上架、下架、推荐、备份等维护，能够通过电子书的各个字段搜索定位电子书资源。

2. 权限管理

权限管理采用权限、角色、用户三级管理机制。权限的设置粒度要尽量小，由权限可以组合成各种类型的角色，由角色可以组合成各种类型的用户。

（1）管理权限的配置

所有管理权限均可配置，系统超级管理员具有最高、最全的权限，可以配

---

① 周永红,吴振寰.中国三大数字阅读服务平台发展分析及思考[J].企业技术开发,2014（1）:62-64.

置其他系统管理员的权限和等级，并能分类查看所有系统账号。高等级的系统管理员的权限具有更高优先级。

（2）系统管理员账号

系统超级管理员可以配置不同等级和权限的各类管理员账号，这些管理员可以设置群组权限、用户管理、角色管理等功能，能够方便地统计系统的各种信息。

（3）内容提供者协作账号

系统设置内容提供者协作账号，赋予协作者（个人作者、机构等）上传、管理资源及查看所上传资源的使用情况等权限。

（4）内容管理账号

系统可以定义／设置一个分组用户（内容管理账号），赋予若干特定内容或内容频道和栏目的访问权限。

3. 用户管理

公共图书馆电子书服务平台用户包括前台读者用户和后台管理员用户。对于管理员用户，高权限管理员可以对低权限管理员进行新增、修改、查询、删除、停用和启用账户等。对于前台读者用户，主要管理用户基本信息、阅读权限设置及在公共图书馆电子书服务平台的注册、认证、登录。

（1）基本信息管理

管理用户的基本信息，包括用户信息的导入、查询、增、删、改等操作。还可以对用户进行分组以便根据组别设置不同的阅读权限。

（2）阅读权限管理

设置用户使用电子书的权限，读者卡用户、实名注册用户、普通用户、第三方系统用户及匿名用户需要设置不同的阅读权限。

（3）用户注册、认证及登录管理

用户注册主要实现各种类型用户通过不同网络和终端进行信息注册，注册完成后，用户输入正确的口令即可登录电子书服务平台。用户还可以通过系统绑定手机号码，防止其账号口令被他人盗用，以提高安全性。同时，为保障数据在传输过程中的安全性，在与服务器进行账号口令的传输过程中引入加密技术对用户口令进行加密。平台建立用户库，收集管理用户信息，配合大数据分析模块为个性化服务和智能图书推荐提供详细准确的分析数据。

公共图书馆电子书服务平台具备完善的认证及登录流程。公共图书馆电子书服务平台的注册用户，可通过注册时填写的用户名、读者卡号、身份证号和手机号及密码进行登录；第三方系统用户，可通过配置第三方认证接口参数完成认证流程，实现第三方用户账号的登录，系统自动判断该用户终端登录的第三方账号，实现快速登录；设计开发标准接口，实现双向单点登录，既可以使本系统接入第三方系统中，同时本系统可以与第三方系统实现单点登录；对用户登录能够实现控制，同一个账号最多只允许 N 个位置同时在线，可以在后台设置同一账号允许同时在线的数量。

4. 资费管理

资费管理包括计费策略和资源单价的后台维护，以及资源使用时的费用计算功能，在资源使用时调用支付系统功能（接口）进行付费，同一资源在付费之后可以多次下载。

依据用户类别及版权类别形成某用户的折扣率，并通过资源单价和用户对应的折扣率计算其下载资源所需的费用。默认未设置单价的资源免费，支持针对单个资源、专题库或资源类型设置资源单价。为避免数据量过大，对资源主要采用分类定价形式，辅以单个资源定价，即资源定价存储为两部分，一部分为专题库及资源类型的交叉定价，一部分为针对特定资源的定价。其中，单独定价优先级最高，调用时首先判断资源是否存在单独定价，若无单独定价，则以其类别对应的定价为准，若资源归属于多个分类，则以各个专题库定价为准。

5. 版权管理

由于各个机构上传的电子书资源获取的版权各不相同，针对互联网、移动互联网的授权权限也不尽相同。另外，各个机构针对不同的用户类型也制定了相应的授权策略，需要通过平台的版权管理模块实现控制。平台可建设版权信息管理中心，各个机构将各自的电子书资源版权信息同步更新到版权信息管理中心，可查询电子书资源的版权状态，判断本机构是否有权使用该数据。用户在检索到电子书元数据信息，要获取全文对象数据时，系统根据用户的类型自动连接版权信息管理中心进行版权认证，认证的过程对于用户来说是透明的。总之，平台本着适度保护的原则，以技术手段为核心，建立健全科学明晰、管用有效的数字版权保护体系，保护数字化内容的知识产权，保障图书馆、作者、出版商的利益及用户的合法使用权利。

当前的电子书授权模式不够成熟，而如果电子书借阅服务效仿纸本图书的借阅政策，即免费向社会公众提供电子书副本，必将侵害电子书版权所有人的利益，阻碍图书馆为用户提供电子书阅读服务的深化。同时，图书馆作为电子书产业链的下游，面临着馆配渠道多、资源平台多、服务整合困难等诸多问题，因此，建设电子书版权认证统一化平台将助力图书馆疏通版权管控认证瓶颈，实现一站式阅读服务应用。该平台建设涉及异构平台数据接口技术应用、访问用户身份识别及数字内容版权保护应用方案设计三大核心。主要应包括以下三大模块。

（1）基础数据层

基础数据层主要实现对图书馆已购电子图书的元数据、机构和个人用户信息数据、权限管理与访问日志等数据的存储管理。基础数据层必须构建数据路由层或者统一数据访问引擎，以解决多用户异构平台资源的分散性问题，支持针对不同用户的数据中心管理。也就是说，不仅能够收割管理分布式异构平台的元数据，还能管理平台数据中心本地化资源，支持通过分布式数据访问层进行远端平台全文数据的灵活调用，以实现整体平台的一站式运营和服务。

（2）技术支持层

在当前电子书版权市场不成熟的情况下，政府不但要从政策层面规范电子书提供商的生产、定价、销售和版权政策，还应从技术层面积极建立电子书版权认证管理中心，通过服务运营管理域和运行维护管理域，实现资源搜索与输出、用户管理、DRM 版权管理、资源调度、监控报表、智能推送等功能。其中，应用区块链技术、数字版权双向注册认证技术实现 DRM 版权管理，是技术支持层需要解决的核心问题[①]。

（3）服务应用层

服务应用层主要实现电子书产业链不同利益主体的电子书产品信息双向注册认证、访问授权类型、资源跨平台访问一站式认证接口等业务场景，以应对当前国内电子书产业链主体竞争激烈、版权授权模式复杂等情况。系统主要通过不同的版权控制协议，以及包括时间戳限制、是否允许未登录状态阅读、是

---

① 张会田.纸电融合模式下的中文电子书馆配应用平台建设[J].图书馆学研究,2021（7）:51-58.

否允许本地阅读、阅读设备的个数限制等在内的 DRM 控制令牌实现对客户端的访问权限控制。

6. 大数据分析

用户行为数据是电子书服务的重要数据，电子书服务平台应有完善的数据统计及大数据分析模块，从资源、用户、资源＋用户三个维度统计资源的发布量、用户访问情况及资源的使用情况，利用大数据分析技术对电子书采选、组织、发布及服务各个环节提供指导。通过资源访问情况，分析用户最感兴趣的电子书类型，以指导电子书采选；通过挖掘电子书资源之间的关系，为电子书资源组织提供依据，通过新的主题的聚合，使资源之间建立知识关联，将经典老书以全新的视角推送给用户，实现用户深度阅读，提高电子书的利用率；通过对用户信息的收集、整理、挖掘，根据用户访问记录分析其兴趣点，为用户提供个性化推送服务；通过分析不同终端访问电子书情况，为电子书不同的展现终端有所侧重，对电子书发布渠道提供参考，满足不同终端用户的阅读需求。将用户行为的大数据分析模块的数据分析结果，反馈给电子书生命周期的各个阶段，以用户需求为导向，实现电子书从采选到服务的不断修正，从而实现图书馆电子书服务的健康良性循环。

7. 绩效评估

系统管理平台提供了绩效评估模块，用来评估整个平台各个模块的运营情况，以及各个模块在整个电子书服务平台中有机结合情况，具体包括数据采集结果与自反馈信息的匹配度、数据组织处理结果的失真率、数据发布后的完整性及电子书资源服务的稳健性。

8. 接口管理

本书设计的图书馆电子书服务平台是可扩展的，可实现与第三方系统在数据、业务方面的交换与集成。比如，需要预留标准的接口，接收其他平台的数据，并允许第三方机构发布电子书；用户登录与第三方系统对接，实现第三方系统用户在本平台的认证及登录；用户支付环节与第三方支付系统对接，实现付费资源的在线支付；设计规范接口，将所有功能与资源都打包成接口的方式来提供前端访问，方便本平台资源在 PC 端、手机端、PAD 端、电视端发布，实现前端浏览与后端不同资源之间的无缝链接，支持多种展现模式，并方便未来扩展。

三、电子书服务平台应用

图书馆电子书服务平台前端为展示层，用于展示电子书，支持不同展示媒体，目前主流的有网站、App 与微站，几种展示媒体各有优劣，比如原生 App 具有速度快、性能高、可线下使用、交互性强、用户体验好等诸多优势，然而其开发与维护成本高、支持设备有限、需占用大量手机内存等劣势就让众多图书馆和用户望而却步。相反，微信公众号服务虽然具有内容发布次数少、互动性差、速度慢等缺点，但是其用户基数大、开发成本低、跨平台、免安装等优势也受到不少图书馆和读者的欢迎。

由于本书电子书服务平台采用云架构，因此其前端展示采用 Web App 模式最为合适，能够兼具原生 App 与微服务的优势。它是一种框架型 App 开发模式（HTML5 App 框架开发模式），具有跨平台的优势，无须根据操作系统版本不同开发多个版本应用，该模式通常由 "HTML5 云网站 +App 应用客户端" 两部分构成，App 应用客户端只需安装应用框架部分，每次打开 App 的时候，从云端获取数据呈现给用户。该种模式也极其有利于电子书服务平台的推广应用。全国公共图书馆普遍缺乏经费和技术人才，因此开发本馆专属 App 基本不可能实现，然而各个图书馆用户却有电子书阅读需求，这时候就需要图书馆之间广泛开展合作，共建共享，本书的电子书服务平台的设计提供了这种可能。

电子书服务平台为合作共建的图书馆个性化定制 App 界面，并将 UI（User Interface，用户界面）元素存储在云端，另外云端还存储了大量的各馆发布的电子书数据。各馆用户安装本馆的框架型 App 应用，打开 App 时，联网从云端实时获取电子书数据及 UI 元素，呈现本馆用户界面及可阅读的电子书。这些电子书不仅可以在线阅读，还可以实现离线阅读，用户可将全文下载到手机上，随时随地阅读。在阅读过程中，还能进行互动和个性化操作，如评论、分享、收藏等。

1. 以互联网为平台的电子书阅读[①]

互联网发布便利、成本低廉、传播迅速。越来越多的作者特别是新生作

---

① 张帆.电子书媒介发展研究[D].北京:北京印刷学院,2011.

者，选择在互联网上以电子书的形式发布自己的作品。内容是电子书的灵魂，通过电子书阅读器或各种文件格式将信息传递给读者。出版社的传统出版模式，即作者—出版社—印刷厂—批发商—零售商—读者的模式已经不适合数字化的出版环境，从内容、渠道、传播的方向来讲，电子书出版完全打破了传统出版模式，趋向于一种多元化的传播方式。

以互联网为平台的电子书内容来源主要有两个，即出版社对原有资源的数字化加工和网络原创内容资源，以及网站组织专业的作者团队制作的电子书内容和网站用户上传的电子书作品，见图6-8。

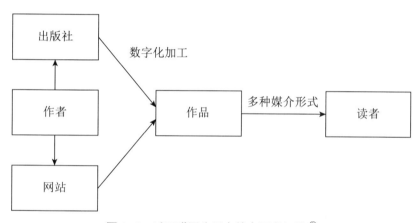

图6-8　以互联网为平台的电子书阅读[①]

（1）出版社对原有资源的数字化

早在20世纪末的最后几年，随着互联网技术的日新月异，出版界和学界就开始关注出版的数字化转型问题，当时的研究重心主要集中于出版业的信息化建设，例如，如何利用电脑技术、排版技术和信息传输技术等来提高出版社和书店的工作效率。21世纪初，业界逐渐意识到，数字技术所带来的深远革命超乎想象，于是，"替代论"开始在出版界流行开来，不少业者认为，电子书会代替传统纸质图书，数字化会让传统出版业消失。面对各种各样的威胁与挑战，传统出版业自身也在寻求生存之道，只有融入数字出版的大环境中才有可能不被淘汰。传统出版社的优势在于拥有丰富的内容资源，但是在出版的环节上已经不适应未来出版业的发展。将已有的内容资源通过技术手段进行大规

---

① 张帆.电子书媒介发展研究[D].北京:北京印刷学院,2011.

模的数字化，使传统产品披上电子产品的外衣，是传统出版社应对数字环境的解决办法之一。众多大型出版集团都在数字出版方面进行了巨大的投入和深入的探索。除出版集团外，报业集团也加快了数字化的步伐，纷纷建立数字化部门或推出数字化产品。这种经过数字化了的内容，可以通过多种渠道传达给受众，而不只是传统出版的单一渠道，这就增加了出版社的利润增长点，使传统出版社具有更强的生命力。

（2）网络原创内容资源

网站还可以通过自身的优势，组织专业的作者团队，定期为网站提供数字内容资源。首先用户接受网络阅读的形式，使网站与作者能够产生巨大的经济回报。其次，在网络环境下，作品能够及时地得到反馈，对作品进行改进。而且与出版社相比，网络作家的出版周期明显缩短，在同样的时间内出版的作品比出版社数量多，自然作者得到的利益就大。以阅文集团为例[①]，整合腾讯文学与盛大文学成立的全新的阅文集团，旗下拥有 QQ 阅读、起点中文网、创世中文网、云起书院、起点女生网、红袖添香、起点读书、红袖读书、起点国际（Webnovel）、华文天下、天方听书、新丽传媒等业界品牌。涵盖了网络文学、传统出版物电子版等主要电子阅读产品，囊括文学、社科、教育、时尚等主流内容题材，覆盖 PC、移动、音频、纸质书等全阅读场景。触达数亿用户，满足全国用户阅读主流需求。与此同时，阅文集团也在不断探索包括免费阅读在内的多元化商业模式。2020 年，阅文上线免费阅读的创作站点昆仑中文网及新媒体创作站点九天中文网，开启内容的精准孵化和运营。渠道上，阅文集团加快了与 QQ 浏览器、掌阅等平台的合作，并成立了免费小说联合项目组。2021 年 12 月，免费阅读内容的 DAU（Daily Active User，日活跃用户数量）达到约 1500 万人，同比增长 50%。2021 年，阅文集团平台新增了 70 万位作家和 120 万部作品，全年新增字数超过 360 亿[②]。数据显示，在 2021 年阅文的新增作家中，95 后占比高达 80%；2021 年网络文学新人作家"十二天王"榜单中，95 后占据了半壁江山；阅文的中腰部作家数量增长更是超过三成。

---

① 阅文集团［EB/OL］.［2024-08-19］.https://baike.baidu.com/item/%E9%98%85%E6%96%87%E9%9B%86%E5%9B%A2/16690270?fr=Aladdin.

② 阅文集团2021年营收86.7亿元　自有IP运营业务收入同比增超30%［EB/OL］.［2022-07-26］.https://baijiahao.baidu.com/s?id=1728009163467895778&wfr=spider&for=pc.

2. 以手机为平台的电子书阅读

书的概念在手机出版中被扩大化，包括手机小说、手机报等多种形式。手机出版产业链包括以下几个组成部分：终端设备商、系统设备商、测试设备商、光纤／光缆制造商、移动运营商、业务提供商及最终用户。其中移动运营商处于主导地位，将上游的各种设备商、制造商与下游的用户联系起来，并通过业务提供商的各种服务项目，丰富手机出版所融合的功能与内容，如图 6-9 所示。

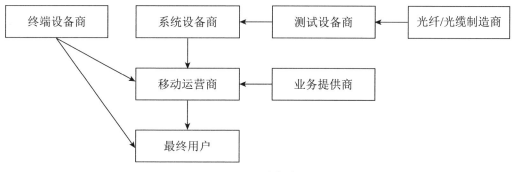

图 6-9　手机出版产业链

随着我国智能手机的不断普及，以及多样化媒体的不断涌现，手机作为阅读器的功能日趋完善，它在人们日常的阅读活动中的地位也越来越重要。产业链条上其他环节也争相开展电子书阅读相关服务，以手机为平台的电子书阅读形式不断涌现，包括建设手机门户 WAP 网站、开发手机阅读客户端、开发手机应用等（见图 6-10）。同时，手机电视也从概念走向了现实。以手机为平台的电子书阅读使阅读能够随时、随地、随身地进行，形成个人的移动阅读空间，引领阅读迈入"移动阅读时代"。

图 6-10　以手机为平台的电子书阅读形式

3. 以手持阅读器为平台的电子书阅读

按照传输技术的不同，以手持阅读器为平台的电子书内容的获取方式可分为两种：一种是有线传输，另一种是无线传输。有线传输是早期电子书阅读器获取内容的主要方式，通过数据线与计算机中相应的接口相连接，将存储在计算机中的并且符合电子书阅读器格式的文件，传送到手持电子书阅读器中，供用户浏览、查阅和使用。无线传输是目前的主流方式，在电子书阅读器中植入一种能够无线上网的模块，使阅读器能够直接上网下载，摆脱了必须使用计算机的局限性。在亚马逊 Kindle 诞生以前，电子书阅读器通常需要数据线将内容信息传输到阅读器上，这种方式既浪费时间，又受到物理空间的限制。而 Kindle 能够利用无线接入互联网的技术，使读者可以随时随地购买图书。

2007 年，第一代 Kindle 发布，2013 年开始正式进入中国市场。从诞生之初，Kindle 就只有两个特别明晰的愿景：一是不管做的设备怎样，都是服务于最纯粹的阅读；二是希望能让用户在 60 秒内在 Kindle 上找到任何一部他想看的书。

不可否认，在过去几年，Kindle 一直是个没什么存在感的设备。似乎每一篇写 Kindle 的文章，都会说到 Kindle 的衰败是从智能手机普及、数字媒体兴起开始的。确实，Kindle 诞生的同年 iPhone 发布，智能手机无论是硬件能力、联网体验，还是各类功能的发展速度，都远超 Kindle。网络的发展提速，也开始让人们从只能在手机小屏幕上刷文字段子，飞速发展到可以在任何地点、任何时间通过数据流量在全面屏手机上看短视频。似乎是人们不爱看书了，大环境不好，所以 Kindle 越来越小众，所以走向了终结。似乎亚马逊中国自己也接受了这种心理设定，决定"躺平"，甚至开始自嘲。前几年亚马逊在天猫平台投放了一组广告，广告图片是 Kindle 放在了一桶泡面上，官方广告文案是：盖 Kindle，面更香。

是用户不爱读书，只知道用 Kindle 盖泡面了吗？事实并非如此。2023 年，第二十次全国国民阅读调查结果公布，数据显示，在传统纸质媒介中，2022年我国成年国民人均每天读书时间最长为 23.13 分钟，比 2021 年的 21.05 分钟增加了 2.08 分钟；在数字化媒介中，我国成年国民人均每天互联网接触时长为 66.58 分钟，比 2021 年减少了 1.84 分钟；人均每天手机接触时长达到 105.23 分钟，比 2021 年增加了 4.11 分钟；人均每天电子书阅读器阅读时长为

10.65 分钟，比 2021 年减少了 1.13 分钟；人均每天接触 Pad（平板电脑）的时长为 8.79 分钟，比 2021 年减少了 1.03 分钟[①]。

第四节　平台运营

电子书服务平台是一个开放的平台、通用的平台、模块化的平台，该平台的运营管理模式有多种，既可以一个机构集中化、流程化运营管理，也可以多机构分工协作、模块化运营管理，还可以多机构云服务、委托化运营管理。

平台属于典型的云服务模式，平台完成研发测试并提供上线使用后，即需要构建包括标准体系、信息共享、开放协作、效益驱动等在内的运营管理框架，建立安全高效的运营管理机制，以确保系统服务稳定、运营流畅，并能根据实际运营中的问题或不足，进行不断补充完善和更新升级[②]。

平台的运营管理可由组织项目实施的图书馆负责，协调全馆资源组建不同的运营管理小组，分别负责平台运营管理条款制订、故障收集、服务宣传推广、资源采购、内容发布及管理、访问授权用户管理、用户反馈、用户使用统计分析和运营绩效评估等工作。

平台的运营维护可由系统的承建单位负责，按照系统运营维护服务合同要求，实施系统各主要服务模块的定期优化升级、故障排除和修复、数据安全及备份等工作，使系统在其生命周期内保持良好的运营状态。

一、集中化、流程化运营管理

电子书服务平台实现了电子书从采选到组织、发布、服务的全流程统一管理，可以支持图书馆等文化机构对本机构的电子书进行管理和服务。采用该电子书服务平台，不但可以为该机构提供电子书建设多种模式的平台支持，还可以通过流程化、规范化、多平台化的整体管理，为该机构提供电子书从采选到

---

① 第二十次全国国民阅读调查结果发布,2022年我国人均读纸质图书4.78本[EB/OL]. [2024-03-26]. https://baijiahao.baidu.com/s?id=1763943091003675587&wfr=spider&for=pc.

② 张会田.纸电融合模式下的中文电子书馆配应用平台建设[J].图书馆学研究,2021（7）: 51-58.

服务的全流程控制，最终为该机构实现多渠道、多平台、全方位的电子书服务提供保障。

二、分工化、模块化运营管理

电子书服务平台采用模块化、松耦合的方式进行设计和实现，可以为文化机构、出版社、电商和作者等提供相应的管理权限和管理功能，使书商、出版社、电商等与图书馆等机构进行紧密合作，共同实现电子书的多渠道服务，明显提升图书馆等机构电子书的服务效果，提高用户对电子书服务的满意度。

在具体运营管理实践中，可以根据不同机构在电子书全流程服务中的作用分配相应的业务平台。例如，可以为书商、出版社、作者部署电子书采选平台，让其发挥电子书采编的优势，扩充电了书的资源；可以为出版社、图书馆等专业机构提供电子书组织平台、发布平台，让这些机构发挥电子书内容组织、内容编辑等优势，从而为不同的电子书服务人群组织不同内容的电子书资源；可以为电商、图书馆等机构提供发布平台、服务平台，让这些机构为最终的用户提供满足用户需要的电子书服务，从多方面提升电子书服务的整体效果。

建立良性循环的"读者—作者—图书馆"互动交流机制。公共图书馆基于电子书服务平台，可以建立覆盖全域的资源评价体系，加强与互联网机构的合作，引入自带流量的第三方资源评价数据，建立开放共享的资源评价渠道，实现公共图书馆与第三方机构资源评价体系的数据共享，培养读者在借阅、购书等环节查看资源评价信息的习惯。通过对资源的评价，搭建读者、作者和图书馆之间信息交流的渠道，促进三方之间的交流，深度调动读者获取图书馆服务的积极性，提高读者活跃度。

三、云服务、委托化运营管理

电子书服务平台采用云架构进行建设和部署，可以以分布式的方式进行部署和服务，不但可以在主中心的集中管理、合理调度下实现云中所有机构、所有流程的统一管理和按需调度，更可以简化不同机构部署电子书服务平台的步骤和运行条件，使得更多的出版社、文化机构、作者及电商等加入电子书建设和服务的队伍中，建立分工合作、优势互补、互利共赢的市场化、商业化的经营模式，推动图书馆电子书产业的发展。

加强与社会力量合作，构建共赢的服务模式。《中共中央关于坚持和完善中国特色社会主义制度　推进国家治理体系和治理能力现代化若干重大问题的决定》提出"鼓励社会力量参与公共文化服务体系建设"。互联网和移动互联网技术的快速发展，不断改变着读者对图书馆服务方式的理解，公共图书馆需要根据读者全新的阅读习惯，为其提供数字化、移动化的线上服务和阅读空间的线下体验。公共图书馆和商业机构（如互联网电商、出版社、资源提供商、资源集成商等）在经费投入、专业人员素养、资源服务保障能力上各有优势，应积极建立合作关系，以互利共赢为目的，打造公共图书馆读者服务新生态。图书馆以公益服务为宗旨，商业机构以盈利为目的，在二者的具体合作中，公共图书馆代表国家利益和社会公众利益，因此既要确定公共图书馆的核心地位，也要平衡利益双方主体的权益，才能保持合作的稳定性和持续性。在合作形式上，可参考京东、淘宝的第三方入驻模式：公共图书馆作为平台的自营方，合作方作为平台的第三方，将各自的元数据信息放到平台的"货架"上，即第三方需要将数据基本信息接入公共图书馆在公有云上搭建的数据中台，实现资源的统一管理，为读者提供统一的检索服务。在实际操作过程中，当读者检索资源时，如果该资源来自公共图书馆，则平台优先选择公共图书馆提供的免费资源为读者服务；如果读者检索到的资源不在公共图书馆，平台可以将读者导流到第三方平台，既可以保证读者服务的完整性，真正意义上实现国家书库的统一检索，也为商业机构提供用户导流服务，带动合作机构共同发展。商业机构在获利后，可以助力公共图书馆进一步进行资源建设、平台优化等，实现双赢。

四、新媒体、多渠道运营管理

近年来，在国家数字图书馆工程和数字图书馆推广工程的带动下，我国公共图书馆线上资源存储量和服务水平大幅提高，图书馆和读者之间通过微信、微博、抖音等新媒体平台实现了双向互动。同时，图书馆必须将新媒体作为服务营销的一个重要渠道，通过新媒体宣传，使读者及时、便捷地获取信息，提高服务效率和服务质量，扩大图书馆的品牌影响力。随着大数据时代的到来，公共图书馆可通过新媒体、5G、物联网等新技术进一步精确用户画像，为读者提供更为精准的个性化推荐服务。

五、多协同、共赢式运营管理

平台运行机制是相关协作机构、业务流程系统、相关利益主体和各要素之间的相互作用、相互制约的形式，各参与主体应相互协同，权责明确，最终实现共赢。

在相互协同方面，平台应通过建立相关制度或合作协议，明确各参与主体在电子书资源整合、访问授权、经费分担等方面的责任。比如，建立运行绩效评估与持续优化提升机制，定期评估平台应用绩效、用户体验优劣等情况，根据协议要求监督平台开发商不断进行系统优化升级，不断提升用户使用体验；积极争取出版社、内容提供商加入平台的资源建设中，并与主流终端厂商合作，实现平台的宣传和推广，招募志愿者，不断完成系统调优，等等。

在实现共赢方面，需建立协同参与主体的利益平衡机制，实现利益共享与成本分担。可根据各参与主体的贡献率、收益率大小，签署相应的服务共享协议，承担各自必须履行的责任和义务。比如，通过严格的版权保护技术，在保证资源提供商利益的同时，降低资源采购成本；通过提供电子书及纸质书的购买链接，为内容提供商提高销售量；通过接入广告商，降低平台的维护成本，提高平台开发商的积极性；等等。

第七章　公共图书馆电子书版权授权研究

电子书的实质就是可以浏览和下载的数字化作品，在浏览和下载的过程中必然会涉及版权问题。电子书迅速发展和普及的同时，版权保护问题也越来越受到重视。电子书不像传统纸质图书只有出版社这一授权主体，电子书的授权主体范围比较广，因此，电子书授权环节和流程较为复杂，侵权问题也层出不穷。

第一节　电子书面临的版权问题

一、版权权利种类较多

与传统图书一样，电子书的版权权利大体分为精神权利和财产权利。精神权利包括署名权、修改权、发表权、保护作品完整权等，财产权利又称为经济权利，包括复制权、出租权、发行权、改编权、汇编权、信息网络传播权、展览权等。网络的便利性，使得电子书的传播更加容易，复制权遭受到极大的侵害。信息网络传播权进一步扩大了权利人的权利范围。另外，部分加工型电子书还涉及出版商的版式设计权等邻接权。这些权利还有可能分属于不同的权利人，使用者在版权购买、版权权利鉴别、反盗版等方面存在诸多困惑，需要确定不同的权利人和权利范围。

二、版权主体和范围比较复杂

电子书按照生产方式分类，可以分为原生型电子书和加工型电子书。加工

153

型电子书是由纸质图书经过数字化而成，这样就存在版权归属的问题。数字版权随着数字经济的发展而出现，一些早期作品存在数字版权模糊的情况。例如，一些传统出版单位在数字版权出现前与作者签订出版合同时，没有得到数字版权，数字版权归属存在多种可能性。即使已经出现了数字版权概念，作者在与出版单位签署出版合同时也可能没有向出版单位授予数字版权。而对电子书厂商或者电子书集成平台等被授权对象而言，版权合作的对象必须是版权的合法所有者，因此需要首先明确版权所有者。对于需要取得海量作品授权的电子书厂商或者电子书集成平台来说，权利人调查工作变得复杂且艰巨。通常，大部分电子书厂商或者电子书集成平台都会直接找出版社授权。而据调查，目前国内拥有电子版权的出版社只有 20% 左右，绝大部分图书的电子版权特别是大约 80% 电子书的版权都直接掌握在作者手中，出版社只有纸书的出版权[①]。电子书版权掌握在作者手中，导致权利人范围比较广，并且版权主体确定工作变得比较复杂。

三、缺乏有利的电子书版权保护环境

电子书版权保护需要从政策层面、电子书的传播及人们的意识层面构建一个完整的保护环境。首先，在政策方面，目前我国已制定了网络知识产权保护的相关法律法规，但相对于快速发展的网络技术和电子书市场，相关法律法规还远远不足以解决问题。其次，电子书盗版现象比较严重，电子书的特殊性质，使其盗版成本比较低，用户很容易通过下载、上传的方式传播电子书，而盗版追责比较麻烦。最后，付费阅读习惯有待养成，由于现今很多电子书可以从网络渠道获得免费版，用户逐渐养成了电子书可以免费获得的思想意识，使得付费阅读推进比较困难。

四、电子书版权商业模式尚不成熟

电子书产业参与者以不同方式谋求版权运营。现如今，内容资源和运营平台成为中国电子书市场发展的两大核心。目前中国没有也很难有亚马逊这样集内容、平台、终端阅读器于一体的电子书生产经营企业，它们要么内容资源有

---

① 聂士海.文著协:建立数字版权认证机制[J].今日财富(中国知识产权),2010(4):40-42.

限，难以满足平台的需求，要么虽然有平台或终端，却没有出版资质，因此只能是相互合作，互补长短，共同建设电子书市场[①]。

第二节　电子书著作权授权分析

一、电子书著作权的授权流程

传统的印刷时代，作者作品的复制发行环节，基本交由出版机构这一单一的中介进行，作者直接进行授权的对象只有出版机构一种，读者使用作品，获得授权也基本上在出版机构的授权范围内进行，读者基本不与作者直接发生授权关系，只有间接的授权联系。纸质图书的传播也遵循作者—出版社—书店—读者这一单向的流程进行[②]。

与传统纸质图书相比，电子书的授权涉及的中间环节更多，参与授权过程的主体更多，流程更复杂。首先，它可以由传统纸质图书数字化制作而成，信息网络传播权可以授权给出版社，再通过二级传播者进行销售传播；其次，由于摆脱了书号等行政因素的出版管控，作者还可以授权集体管理组织和其他网络平台，让电子书跳过正式出版，直接与读者见面；最后，读者也可以通过互联网直接从作者那里获得电子书著作权的使用授权。电子书的著作权授权流程中的各方法律主体主要分为三类：著作权人、数字图书出版商（包含初级传播商和次级传播商）和读者[③]。

电子书的授权模式已经不是单一的授权模式，不再由出版社主导，授权模式呈现多元化。作者可以直接授权出版社、内容集成商等初级传播者，也可以直接与读者、阅读器厂商、移动运营商等签订授权合同。同时初级传播者取得

---

①　黄国荣：内容版权授权直接制约了电子书产业发展（一）[EB/OL].［2019-07-26］. http://www.360doc.com/content/11/0621/22/911239_128577711.shtml.

②　电子书著作权五种授权侵权行为[EB/OL].［2019-07-08］. https://www.sinobook.com.cn/press/newsdetail.cfm?iCntno=16803.

③　电子书著作权授权及侵权类型分析[EB/OL].［2019-07-08］. http://www.ahnupress.com/news/trends/2014/0608/79.html.

授权后可以让次级传播者使用，也可以让读者直接使用。

二、电子书著作权的授权模式

根据电子书著作权授权流程，以及电子书产业链中各主体实际合作情况，电子书著作权授权主要有以下五种模式。

1. 直接授权

著作权直接通过电子书作者获取，同时获取其作品的信息网络传播权授权许可，然后将图书数字化，进行电子图书的设计制作以及销售。这种授权模式主要发生在作者与出版社、著作权集体管理组织、版权代理机构及读者之间。具体到授权协议，根据授权对象不同，主导形式也有所不同，主要有书面合同、电子合同和开放式授权等三种。签订书面合同主要是针对具有纸质出版物的电子书，会增加授权范围、授权期限、利益分成比例等信息网络传播权相关内容。电子合同主要针对原生型电子书，电子书作者直接与电子书发布网站签订电子合同，通过技术手段实现信息网络传播权授权许可。开放式授权是指作者为达到某种目的如增加其作品传播范围等，主动放弃部分著作权权利（主要是著作财产权），将电子书放到某个网络平台，使广大使用者能够合法获取使用，并可以试读部分章节或者全部章节，以增加人气。

直接授权最大优点在于流程清晰，相对比较规范和可靠，合同规定明确，是一种最基本的授权模式，能够充分尊重版权人和使用者的意思。但是直接授权是直接与作者联系，基于电子书的特点，要与海量作者签订版权合同，工作量庞大，效率比较低。

2. 代理授权

代理授权是基于委托代理关系，版权人将作品的全部或部分权利委托给版权代理机构，版权代理机构以被代理人名义行使权利，使用者与版权代理机构洽谈授权事宜。版权代理机构一般有两种：一是出版社，二是专业性版权代理公司[1]。目前，我国专业性版权代理公司发展得很不充分，数量少、规模小、影响小、业务范围狭窄。代理授权的优势在于专业性和中介性，能够较好地

---

① 宋伟,孙文成,王金金.数字出版时代混合授权模式的构建[J].电子知识产权,2016(3):62-68.

解决"大量权利许可"①，但是，其在本质上没有脱离传统的"一对一"授权模式，不能从根本上解决电子书海量授权难题。

3. 默示授权

默示授权是指不经过授权直接传播和发布作者的作品，但是其会发布一份稿酬公告，以此来逃避非法授权责任，降低风险的授权行为②。默示许可是一种特殊的许可制度，重视版权人的意思判断，版权人与使用者之间存在许可关系，且版权人享有解除权。从是否需要支付版权人报酬来看，合理使用不需要支付报酬，而默示许可和法定许可则需要向版权人支付报酬③。

在实际操作模式中，有一些网络数字内容平台采取默示授权模式。但是这种授权模式从法律意义来讲，即便事后支付或拟支付报酬，也属于侵权范围，存在一定的侵权风险。

4. 授权要约模式

授权要约模式是版权人在作品中作出版权声明，以要约方式规定使用者使用其作品的条件，使用者只要愿意接受其条件，即可自动达成与版权人的授权合同关系④。传统版权授权模式需要进行一对一洽谈，交易成本巨大，并且运行效率比较低。交易成本不属于交易任何一方，可以说是被浪费的社会成本，无形中增加了知识传播的成本，阻碍了知识的传播。授权要约模式是面对数字出版内容诞生的新型授权模式，最早由北京书生电子技术有限公司、中国出版协会推动。这种授权模式不必面对面的交谈，减少了交易成本。

授权要约模式需要权利人在"授权声明"中声明授权范围、使用费用、支付方式、使用方式等。使用人只要在遵守授权声明的前提下使用作品就不构成侵权行为。授权要约模式符合版权相关的法律法规，建立在权利人和使用人双方自愿的前提下，使双方达到一个可接受的平衡点，是一种特殊的授权模式。

---

① 张平,张韬略.数字环境下版权授权方式研究[J].网络法律评论,2005（1）:3-13.

② 电子书著作权授权及侵权类型分析[EB/OL].[2019-07-08]. http://www.ahnupress.com/news/trends/2014/0608/79.html.

③④ 宋伟,孙文成,王金金.数字出版时代混合授权模式的构建[J].电子知识产权,2016（3）:62-68.

5.集体管理授权模式

集体管理是指版权人通过授权集体管理组织，由其进行与使用者的谈判、收取和分配使用费、处理侵权纠纷等管理和行使版权的活动[1]。著作权集体管理制度与经济发展有一定关联，当经济社会发展到一定程度，就出现了著作权集体管理制度。在英国、美国等国家，著作权集体管理组织均展示了在推动经济社会发展和法治建设中旺盛的生命力和强大的社会功能[2]。集体管理组织的非营利性和信托性质，首先决定了其与著作权人是一致的利益关系，必须以著作权人利益为中心，为著作权人服务；其次是为产业服务。因此，集体管理组织是著作权人和产业界之间的重要桥梁[3]。

著作权集体管理授权模式的主要优势是：通过集体谈判授权合作，有效改变单一、分散的著作权人面对强势和众多使用者的不平等和弱势地位，增强著作权人在版权交易和版权流转中的话语权、议价权，有效推动作品的传播；通过集体维权，降低众多著作权人的个体维权成本；通过集体授权，帮助使用者取得海量作品的授权，从而降低社会交易成本，提高作品传播效率、速度和广度，满足经济社会发展的需求[4]。

从以上分析中，可以看出各种授权模式在数字出版时代的适用性：直接授权和代理授权由于不能解决海量授权难题，因此适用性较低，但代理授权在我国有其发展的必要性；授权要约模式在理论上的适用性较高，但在实际应用中有很大的局限性；集体管理授权模式和默示授权的适用性较高，是解决数字时代授权问题的发展方向。对于图书馆来说，直接从出版社获取授权的可能性比较小，可行性比较小。目前图书馆界一般是从内容供应商、电子书运营平台获得电子书的使用权，建立图书馆专属电子书服务平台，供读者使用。

---

① 宋伟,孙文成,王金金.数字出版时代混合授权模式的构建[J].电子知识产权,2016(3)：62-68.

②③④ 张洪波.著作权集体管理：牢记"本源"，做好服务[EB/OL].[2023-04-05]. http://www.cflac.org.cn/wswlgzpt/wywqfw/201907/t20190709_449732.html.

第三节　各国电子书版权保护的经验与启示

一、中国模式

《新闻出版总署关于发展电子书产业的意见》（新出政发〔2010〕9号）[①]指出：加快电子书行业法规体系建设。建立健全电子书产业发展相关的法律法规体系，研究制定电子书相关法规和管理规章，为电子书产业发展提供法治保障。优化电子书产业发展环境。贯彻落实《国家知识产权战略纲要》，加大版权保护力度，探索建立新技术条件下科学合理的数字作品版权授权使用机制，严厉打击侵权盗版行为，切实维护各方面的权益。加强出版物市场监管，依法打击非法出版活动，构建健康、有序的电子书市场秩序。加强行业诚信体系建设，推动行业自律，努力营造"依法经营、违法必究、公平交易、诚实守信"的电子书产业发展环境。

加强电子书行业自律。适时成立电子书行业协会，鼓励内容提供商、技术提供商、设备制造商和渠道运营商等参与其中，共同规范电子书的生产和销售。充分发挥行业协会的自律作用，组织各种发展力量，协助政府规范市场竞争秩序，引导电子书产业健康有序发展。

2005年，国家版权局、国家互联网信息办公室、工信部、公安部联合启动了"剑网行动"。每年一次的"剑网行动"针对网络视频、音乐、文学等领域的侵权盗版问题进行了专项整治，改变了网络视频、音乐、文学等版权混乱的局面。

二、英国模式

英国商务大臣 Vince Cable 组织撰写的一份报告呼吁，成立一个发挥一站式商店功能的在线"版权集成中心"（"Copyright Hub"），该中心可实现数字

[①]　新闻出版总署关于发展电子书产业的意见[EB/OL].[2024-06-18]. https://www.nppa.gov.cn/xxfb/zcfg/gfxwj/201010/t20101010_4446.html.

化下载和租赁服务，并确保用户行为并未侵犯版权。版权人也可以从他们的作品的销量增加中获利①。英国通信管理局（Ofcom）前副主席、报告的执笔人 Richard Hooper 说道："创立一个行业领导者和由行业共同出资成立的版权中心，就供给方面，将有助于使创作者和版权所有者的潜能最大化；就需求而言，将会带来覆盖范围更广的被许可方和用户。"②

　　成立在线版权集成中心作为 2011 年哈格里夫斯评论（Hargreaves Review）中提出的主要建议之一，他被要求对其可行性进行调查。关于这个版权集成中心在实践中应如何运作的细节问题已经被提上了日程，但英国商务部强调称应该由行业引导践行这次倡议，并为此买单。季芳芳、于文在《在线版权交易平台的创新趋势及评价——以英国"版权集成中心"（Copyright Hub）为例》一文中对英国"版权集成中心"针对新媒体文化环境下的版权形式的设计理念和创新趋势进行了详细描述。"版权集成中心"是一站式集成平台，为消费者提供"一站式购物"的便捷体验，使版权作品能在世界各地以任何媒介形式实现再创作与再传播，减少了交易成本和交易复杂性。"版权集成中心"以长尾版权资源与中小用户为服务重点，针对新媒体环境下的大众参与内容创作给出了解决方案。

三、美国模式

　　美国与著作权管理制度有关的管理机构比较多，包括美国版权局、美国专利商标局、美国贸易代表办公室、美国司法部、美国国土安全部、美国国务院、全国知识产权执法协调委员会等，以及一些民间机构如美国国际知识产权联盟、美国律师协会知识产权部等。随着科技的发展和不断进步，数字化作品发展迅速，给美国的著作权管理带来了新的挑战。于是，美国的著作权管理制度进行了一系列调整，比如出台和实施了一系列数字出版法律制度。美国是世界上最早制定数字版权法的国家，颁布了近 20 部相关法律，其中《数字千年版权法》对全世界的版权保护影响最大。《数字千年版权法》（Digital

---

① 音乐和电子书版权中心提升数字经[EB/OL].[2021-08-17].https://www.csmes.org/show15-75765-1.html.

② 季芳芳,于文.在线版权交易平台的创新趋势及评价——以英国"版权集成中心"（Copyright Hub）为例[J].编辑之友,2013（7）:109-112.

Millennium Copyright Act，DMCA）为数字版权保护的司法实践提供了依据，其中的第 512 条，即"避风港"条款明确指出了信息网络提供者在单纯提供技术支持服务时，不对他人上传的侵权内容负有责任，只承担有限的停止侵权责任，即在接到权利人通知后删除即可免责。这种做法全面考虑了信息网络提供者的主观过错、控制能力、经济利益等方面，准确地把握了互联网条件下各方利益的平衡，使信息网络提供者可以有法可依，在防控和规避法律风险时具有很强的操作性，为互联网信息技术的发展提供了支持。

美国数字版权法律制度更加注重对著作权人的权利保护，这与互联网的资源共享理念有些冲突，在一定程度上限制了作品的流通。2000 年，美国出台了《防止数字化侵权及强化版权补偿法》（Digital Theft Deterrence and Copyright Damages Improvement Act），提高对侵权责任的经济惩罚。在版权保护范围方面，《数字千年版权法》第五部分增加了对原创性设计的保护，进一步扩大了版权保护范围。

四、日本模式

日本数字出版产业比较发达，走在世界的前沿，其著作权也是经历了几十次的不断修正。不断完善的数字出版相关的法律法规在不同时期、不同方面对数字出版业作出了法律规定，不同条款相互补充，形成了较为完备的数字出版法律体系。政府在管理数字出版产业时可以做到有法可依。日本数字出版法律体系总是着眼于数字出版产业发展的实际需求，根据实际需求修正相关法律法规，将促进数字出版产业的发展上升为国家战略地位，如在 2003 年 7 月把数字内容产业列为国民经济领域的优先发展方向之一[①]。日本非常重视政府的引导作用，政府参与补偿金制度和强制许可制度[②]。这两项制度对于厘清版权纠纷、合理分配利益起到一定的积极作用，并能够尽量缩小对版权人的限制，又能兼顾社会公众的合理诉求，值得我国学习。日本数字版权法加强对版权人的保护，同时兼顾社会公众的合理使用，主要包括图书馆、搜索引擎，以及教学等对作品的合理利用，对作品的流通有一定的积极作用。日本数字出版法律制

---

① 杨梅.发达国家内容产业发展概要[J].中国信息界,2010（1）:102-104.

② 陈媛琳.P2P网络著作权侵权问题研究[D].南京:南京理工大学,2008.

度比较注重财产性权利的保护。

第四节　解决电子书使用版权授权的对策建议

一、从法律法规层面保障电子书版权

在政策层面，我国已经修改或者出台了相关法律法规，保护电子出版物的著作权，比如《中华人民共和国著作权法》《最高人民法院关于审理侵害信息网络传播权民事纠纷案件适用法律若干问题的规定》《信息网络传播权保护条例》，等等。对授权机制、权利内容、侵权赔偿等方面都有比较明确的规定。但是相对于快速发展的信息网络技术及电子书应用的广泛，鉴于法律法规的稳定性和保守性，电子书方面的法律法规还远远不能满足其发展要求。

《信息网络传播权保护条例》规定，如果网络服务提供者提供信息存储空间或者提供搜索或者链接服务，在接到权利人的通知书后，断开链接的，可以不承担赔偿责任；如果之前就"明知或应知"这些电子书侵权，就不适用"避风港原则"，应当承担侵权责任[①]。但是，"明知或应知"依赖主观判断，法律界无法给出一个明确、统一的标准。对于图书馆等公共文化服务机构，《中华人民共和国著作权法》等相关法律法规中并没有明确的豁免或者使用电子书的政策。今后应进一步创新保护体制机制，健全与电子书产业发展相关的法律法规体系，夯实集体管理组织授权的法律基础，综合考虑各界对电子书版权保护的需求，均衡各方利益群体，适应电子书发展需要。

二、采取多种授权模式相结合的方式获取授权

在目前我国著作权主流授权机制并未健全的情况下，多渠道取得电子书授权是可取的策略。其一，通过直接授权模式取得授权。如盛大集团直接与作者签约，作者收入按月计算，版税是读者付费的 50% 至 70%。其二，通过集体

---

① 苏江丽.电子书产业版权保护机制创新研究——以盛大文学与百度的版权纠纷为例[J].新闻界,2011（1）:92-94,84.

管理组织取得授权。比如，中国文字著作权协会（简称"文著协"）与汉王科技结成内容数字化著作权采购战略合作伙伴关系，合作期间，汉王电子书阅读器将成为文著协管理的数字化著作权内容发行的核心通路与终端。在汉王与其他权利人产生著作权纠纷时，文著协将会代为处理一切著作权法律事务[①]。其三，合作授权。解决授权问题，将使电子书产业链条上的各主体取得利益多赢的局面，这是开展合作授权的基础[②]。其四，授权要约模式既能够解决授权问题，又能够解决交易成本的问题，是一种非常好的授权模式，应该进一步推广授权要约模式。根据作品性质不同，采取不同的授权模式，争取从正当渠道获取电子图书授权。

三、搭建扩展性较强的电子书内容平台

电子书平台建设过程中要充分考虑资源的共建共享，避免重复建设，提供多渠道、多形式版权资源分享平台，创建读者、作者、出版社、书商一体化交互平台，平台具有良好的开放性和扩展性，为数字资源版权登记保护、信息传播服务提供便利，集内容分享、版权保护、信息传播于一体，在传统的内容分享基础上，构建版权保护和管理中心，为保障电子书的授权和进一步服务打下基础。本书研究的电子书服务平台也充分考虑了这个问题，平台预留了标准接口供电子书商、出版社、作者等电子书产业链上的各个环节接入共建，以实现一个兼容多种来源的海量资源平台。同时，平台提供良好完备的电子书授权体系，支持多种授权模式，能够满足不同的资源提供者的需求，降低其共享资源的障碍。

四、从技术层面加强电子书的版权保护

电子书易复制、易传播的特性，致使各种侵权现象屡有发生，盗版现象非常猖獗，严重制约了电子书产业发展，对于盗版侵权行为，除了应逐步完善立法，加大查处和惩戒力度外，还应该从技术层面进一步加强对电子书的保护。通过特定技术手段限制电子书的图片、文字等的非法复制、传播，避免随意复

---

① 聂士海.文著协:建立数字版权认证机制[J].今日财富(中国知识产权),2010(4):40-42.

② 朱榕.电子书著作权授权研究[J].情报科学,2012,30(7):980-984.

制现象的发生；建立多级别权限控制，通过 IP、读者角色、出版社、页数等多个角度实现资源权限管理；在系统层面建立有效日志追溯，对于侵权行为进行系统追溯，实现版权保护；同时，在传播渠道上加以限制，开发特定的软件，使电子书只能在特定软件中阅读，并对电子图书进行加密，用技术措施去规范读者的使用行为，从而遏制侵权现象的发生。

智慧图书馆时代，数字化版权许可问题可以从技术与模式等多种途径开展解决方案研究。技术方面，采用区块链技术等数字技术，加强对知识资源内容的认证与标识，通过给不同的读者设置使用权限，实现数字资源的保护与服务应用。模式方面，逐步拓展基于互联网模式的生态链合作模式，实现作者、读者、服务方等多链条的互利互惠的共赢模式。

五、加强读者付费阅读习惯的培养

电子书不像纸质图书，需要通过购买才能获取，由于电子书很容易从各种网站上获得，目前信息环境和法律环境下，读者免费阅读的意识比较强，缺乏电子书付费意识。虽然年轻读者为电子书付费的意愿相对较强，但是对电子书价格的接受度偏低。读者对电子图书的定价存在认知误区，即认为电子书成本非常低，想当然地认为电子书的定价应该较低。而实际上电子图书的定价要综合考虑知识成本、版税和编辑成本等。从长远来看，版权保护和读者服务不是互相矛盾的，而是相辅相成的。只有读者充分尊重著作权，才能产生更多更好的作品。读者要加强法治观念，尊重著作权人的劳动成果和合法权利，了解著作权相关的法律法规知识，形成阅读正版图书、购买正版电子书的意识，养成付费阅读的习惯。公共图书馆可以利用多媒体形式对电子书的版权保护开展宣传和推广，进一步增强读者版权保护意识。

第八章　总结和展望

　　2020 年新冠疫情席卷全球，疫情在对经济和社会造成严重冲击的同时，也深刻考验着图书馆行业的韧性。图书馆行业需要适应社会发展需要、用户需要不断进行创新，在管理理念、服务意识、服务方式、技术手段等方面进行改变。加强不同类型图书馆之间、图书馆与社会相关机构之间的通力合作、协同发展，实现跨界融合。图书馆行业应该贯彻新发展理念，不断拓展服务方式，推动图书馆事业高质量发展。在新时代把握新的发展契机，促进图书馆创新和转型，形成新型发展业态。《中华人民共和国公共文化服务保障法》《中华人民共和国公共图书馆法》颁布并实施，公共文化服务法治建设取得突破性进展，体制机制改革持续深化，为图书馆事业奠定了新的制度基础；新时代人民群众的精神文化需求不断增长，为图书馆事业明确了新的发展要求。物联网、大数据、人工智能、VR（Virtual Reality，虚拟现实）/AR（Augmented Reality，增强现实）技术、区块链技术、各种感知技术等新一代信息技术促进各行业快速发展，并在图书馆行业得到应用，不断出现新的服务业态，为图书馆事业的发展提供了技术支持，推进图书馆向着智慧图书馆时代发展。

　　清代萧抡谓在《读书有所见作》中这样描述阅读对个人成长的重要影响，"一日不读书，胸臆无佳想。一月不读书，耳目失精爽"。而书籍作为阅读的载体，也随着时代、技术发展不断演变。20 世纪 90 年代初期，随着我国逐渐步入互联网时代，网络阅读逐渐兴起并迅速发展。21 世纪的第一个十年，移动 3G 通信网络建设完成，逐步在全国普及，同时智能手机、平板电脑和电子书阅读器等移动终端成为用户获取信息的重要方式，移动互联网时代来临。4G 通信网络从 2013 年开始发展，4G 网络能够传输高质量视频图像，使移动互联网络能够承载更多类型的服务。随着 2019 年开启 5G 商用元年，5G 应用逐渐迎来导入期。信息环境的发展变化，改变了国民的阅读行为，数字阅读、移动阅读成为人们日常工作、生活、获取信息的重要方式，电脑、手机、电子书阅读器等可以上网的终端设备已经成为主流阅读载体，电子书服务应运而生并快速发展。

作为公共图书馆重要服务内容，电子书服务也是图书馆智慧化转型发展的重要环节。无论终端媒介如何发展，电子书服务始终以内容为王，未来图书馆开展电子书服务需紧紧抓住这一本质发力。同时，通过恰当、有效的方式增强阅读趣味性也能有效提高用户的阅读意愿和黏性，让阅读抵达更广阔人群，使人人爱读书成为一种生活常态。另外，技术进步是推动电子书服务快速转型的外在驱动，适时引入恰当的技术可以使阅读过程更加流畅，大大提升读者的阅读体验，引领电子书产业健康稳定发展。

一、回归内容本质，提升阅读层次

1. 多样化的内容形式

随着计算机及网络的普及，人们接触电子产品、网络视频的年龄低龄化，时间也越来越长，以静态阅读为主的电子书阅读受到了普遍冲击，尤其是对于尚未养成阅读兴趣和习惯的年轻一代，电子书的服务模式除了传统的文本阅读以外，需要在内容和展示形式上有所创新。未来，电子书的阅读除了有 PDF、TXT 等静态阅读方式外，还会有更加生动的资源展示方式。在文本阅读基础上增加音频、视频、动画、图表解读、全息投影和虚拟现实，以及 3D 多维度信息展示，即增强型电子书。互联网技术、数字技术已经融入人们的日常生活，以人工智能、AR/VR、各种感知技术为代表的技术正在各行业得到应用，成为未来发展的热点，新型技术的发展必将推动电子书在内容形态等方面的变革。因此，内容平台需要更先进的技术支持，以丰富电子书的内容，并兼容更多格式、更多形式的电子书，未来的电子书内容呈现百花齐放的景象，服务方式必然会不断创新发展。

2. 多样化的内容生成模式

电子书创建伊始，只是对相应的纸本图书进行数字化，这种电子书生成模式可以归类为专业生成内容（Professional Generated Content，PGC）模式。随着社交媒体的兴起和广泛应用，越来越多的用户开始通过各种工具创作和发布自己的电子书，使阅读变成了一种社交活动，这不仅可以激发用户的创作欲望，还能促进用户之间的互动和共享，此即为用户生成内容（User Generated Content，UGC）模式。

2023 年伊始，ChatGPT 在人工智能业界引起了广泛讨论，引发了人们对人工智能的无限想象。这款人工智能机器人可以根据聊天上下文进行互动，还可以撰写文案、写文章、写代码、翻译。人工智能生成内容（Artificial Intelligence Generated Content，AIGC）技术也成为国内外互联网企业争相涉足的"风口"，它也悄然引导着一场深刻的变革，重塑甚至颠覆数字内容的生产方式和消费模式，将极大地丰富人们的数字生活，成为利用人工智能技术自动生成内容的新型生产方式。

未来，各种电子书内容的生成模式将会并存，而传统的 PGC 和 UGC 模式在内容生成规模、质量和成本方面存在局限性，AIGC 将有效弥补这些缺点，自动生成或者协助人类在短时间内生成大量高质量内容。尽管 AIGC 前景光明，但安全和隐私问题将对其广泛应用构成重大阻碍。此外，AIGC 虽然能够提高内容的生成效率和质量，但是否能真正替代人类创作者的创意和独特性，还需要进一步探讨和实践。

3. 资源—信息—知识的转变

以信息技术为代表的高新技术的飞速发展正促进当今世界迈入知识经济时代。传统经济模式正在向数字经济转型，数字经济的发展推动着文化产业高质量发展，文化数字化成为未来发展趋势。数字化服务也逐步成为满足人民美好生活需要的重要途径，知识内容消费市场呈现出较大潜力。数字化方式正有效打破时空阻隔，提高有限资源的普惠化水平，极大地方便群众生活，满足多样化、个性化需要。数字经济发展正在让广大群众享受到看得见、摸得着的实惠。多元化的知识生产和传播方式正在形成，形成了人人可以生产知识、人人可以传播知识、人人可以消费知识的大环境。同时人们对于高质量的知识内容需求也在增长。一方面要推动知识共创、知识共享，另一方面知识内容免费和付费获取相结合的多元知识消费需求也在日益增加。以出版社为代表的传统出版机构、互联网平台运营商、内容提供商、互联网技术提供商、新型的内容生产者等不同业界的主体纷纷进入知识服务领域，在数字出版、融合出版等方面形成了相对稳定的知识服务产业链条，对图书馆的知识服务提出了挑战，图书馆需要改变知识服务理念，了解用户需求和产业形态，向知识服务新生态、新模式转型。

大数据呈现用户画像，精准投放内容，满足用户个性化需求。"大数据+AI"能够精准采集用户信息，通过分析人机互动数据，可以做到用户增强型电子书使用行为的即时反馈，在用户自主切换互动剧情时记录用户的阅读习惯，分析用户的内容偏好，以便创作出适合不同用户的剧情走向，真正做到个性化按需出版，从而以精准优质的内容吸引用户。充分给予用户代入视角的选择权，可以有效提升用户的参与度，提升服务质量和用户黏性。

随着社会经济的增长、科技文化的融合，人们对知识信息的依赖程度越来越高，这就要求电子书服务具有更好的质量，在时效性、针对性、专业性和创新性方面进行提升。顺应时代要求，电子书服务平台要重视信息组织和知识服务，以用户需求为导向，充分整合人力资源、信息资源与服务手段和信息环境，形成一个有机的、快速反应的、动态变化的知识服务体系，从而更好地服务于广大用户。电子书服务平台提供外链网页或知识点，使用户能实时查看外链，通过知识关联，为用户提供高效知识服务，提高阅读质量。

二、增加社交元素，让阅读更有趣味

"唯甘于孤独者，始能读书。"在一些人看来，阅读与社交是对立的。阅读是安静的、私人的，保持独立，理性思考；社交是热闹、互动的，你来我往，相互交流。但换个角度说，阅读过程中产生的情感需要出口，传统阅读方式的确局限了交流的可能性和多样性。"要分享，不要孤独。"网络时代，以社交、多元、碎片、日常、互动、去中心为基本特征，阅读的边界逐渐消失，阅读的定义正在被改写①。

借助数字媒介，互动式的阅读方式逐渐走入人们的视野。用户在阅读互动式的图书时可以通过自己的选择决定故事的走向，增强阅读沉浸感；而作者也可以根据用户的操作互动及时了解用户的阅读感受和习惯。这种双向反馈机制有效加强了用户与作者的互动，满足了互联网时代读者追求沉浸互动的阅读需

---

① 社交化阅读,应重质量[EB/OL].[2023-12-19]. https://baijiahao.baidu.com/s?id=170983438
3283278993&wfr=spider&for=pc.

求。我国的互动阅读大致可以分为三个阶段：第一阶段，以 20 世纪 90 年代初大宇游戏等公司开始尝试文字类互动游戏的开发为标志。90 年代末，日本优秀的 ACG［动画（Animation）、漫画（Comic）、游戏（Game）的总称］游戏吸引了一大批中国玩家，而这些玩家也成了国产 ACG 游戏的第一批创作者。1999 年，中国第一部原创 ACG 游戏《情人节不见不散》发布。但出于技术局限及盗版肆虐等市场原因，这次尝试并未成功。第二阶段，随着 2000 年后日本 ACG 产业的蓬勃发展，《Fate》《月姬》《沙耶之歌》等热门文字类冒险游戏激发了我国的同人互动作品创作，诞生了如《夏之扉》等优质的同人作品。第三阶段，以 2012 年橙光平台的上线为标志，其推出的一系列女性向互动阅读作品吸引了一大批女性玩家，国产互动内容创作开始兴起。近年来，Netflix 剧集《黑镜：潘达斯奈基》、国产游戏《隐形守护者》、腾讯互动剧《最后的搬山道人》以及芒果自制互动剧《头号嫌疑人》的大热，引发了国内关于"互动叙事"概念的大范围讨论。技术的进步帮助"互动阅读"从"面向女性的小众娱乐"走入大众视野。文娱产业的众多从业者纷纷踏足互动阅读这一潜在市场。2019 年，以腾讯为首的众多大厂纷纷将目光转向互动叙事领域，两轮投资 Episode（全球最大的互动叙事平台）共 1.5 亿美元，2020 年发布首款互动阅读 App "一零零一"。网易易次元互动阅读平台的活跃用户也在不到一年的时间突破 1000 万，互动阅读作品超 500 部。随着越来越多互动叙事类文娱作品的出现，互动阅读逐渐成为当下最为流行的阅读或游戏形式①。

　　电子书的互动性不仅体现在用户在阅读过程中的互动选择，还体现为用户与作者之间的双向反馈。所以，互动阅读平台应注重阅读社区的打造，使用户能够及时反馈阅读体验并与其他用户交流沟通。这种渠道的开设有利于创作者及时了解用户需求，有针对性地进行故事创作，满足受众需求，增强用户的互动阅读体验。互动阅读平台可利用社交媒体搭建阅读社区，通过标签和话题的设置，可以将有相似喜好或阅读体验的用户聚集起来，促进用户之间的互动，增强用户参与内容创作的归属感和仪式感。除此之外，平台可利用论坛等社交媒体实现增强型电子书的共时性叙事。创作者应鼓励用户在论坛抒发感

---

① 　王婧祎.增强型电子书互动设计研究——基于300个真实案例的内容分析[D].重庆:重庆大学,2021.

想，进行同人创作。创作者可将优质的同人产出和评论放进精评区，实现历时性叙事到共时性叙事的转变，提升增强型电子书的生命力和感染力。调查发现，橙光平台的评论区分为普通评论区与精评区，其中精评区还细分出"作者的话""攻略区"与"精彩长评区"。用户可以在评论区抒发感想、发布攻略甚至进行同人文创作。同时，橙光平台还为每部作品开设了"角色表白墙"栏目，用户可以为喜爱的角色投票，而作者在创作过程中也会参考用户的喜好来调整不同人物的故事线。此外，不少作者为鼓励用户反馈，还会为写长评的用户开设专属故事通道。易次元平台的阅读社区模式与橙光平台类似，除精评区和"角色表白墙"外，易次元平台还在评论区专门开设了同人区鼓励用户进行创作。闪艺在阅读社区的打造上参考了贴吧和微博的形式。用户可以在类似贴吧的评论区里抒发感想、发布攻略，与作者交流互动。而"圈子"则与微博的超级话题类似，每部作品的圈子都拥有一个主持人，用户可以关注圈子浏览话题，达到一定等级就可以在圈子内发布信息。与其余三家不同，"一零零一"平台在首页专门设置了"热议"板块，用户可以通过浏览热门话题榜参与讨论互动。

与传统的数字阅读方式相比，包含社交元素的阅读给用户带来了不同的阅读体验，增强了阅读的趣味性和社交性。社交化阅读平台可以通过了解用户的兴趣偏好，为用户提供个性化、精准化的服务。社交化的阅读平台可以让用户在允许情况下了解好友在读哪些书并互相推荐；在阅读过程中，用户可以随时记录阅读体会和感悟，并分享给其他人，增强互动和阅读乐趣，这即是社交化阅读受用户热捧的原因。为了提高用户阅读兴趣，电子书平台借助老百姓喜闻乐见的社交网络，强化互联网在阅读中的作用，培养用户阅读习惯，塑造阅读社群关系，以积分、打卡等方式实现用户交互与分享，增强平台用户黏度，助力全民阅读。

三、拥抱技术创新，改善阅读体验

1. 虚拟现实和增强现实技术的运用

随着 5G 技术的发展与普及，其高速率、大容量、低延时的特点必然会引起数字媒介的进一步升级，电子书的展示方式必将迈上一个新的台阶。5G 技术带来的高网速将减少用户在阅读增强型电子书时遇到的卡顿、闪退等现象，用户阅读将更为流畅，更具沉浸感。同时，5G 技术还有利于创作者进行更具交互性和沉浸感的内容生产，如互动视频等。增强型电子书的内容生态和产品生态将得到重塑。与此同时，5G 时代，增强现实、虚拟现实等技术的应用为增强型电子书打造覆盖全感官的沉浸体验提供了可能。当前市场上的增强型电子书所涉及的人机交互还是比较简单的，且局限于屏幕上。用户只能通过点击按钮完成语言互动或动作交互。但增强现实和虚拟现实技术将会使用户全身心地投入虚拟世界中，增强沉浸感。因此，5G 时代增强型电子书应顺应技术发展趋势，通过与增强现实、虚拟现实等技术的结合提升用户多元感官的体验，增强沉浸感。

2. 区块链技术的应用

将区块链技术引入电子书产业，可以通过记录和验证电子书的版权信息，确保作者和出版商的权益，通过把用户身份数据添加到电子书服务区块链平台，保证用户身份数据安全认证，保障用户身份数据的安全，增强电子书阅读的安全性；构建电子书数据存储的区块链系统，可以充分利用区块链的分布式存储优势，借助区块链中的密码技术和共识机制对电子书数据进行加密存储，极大地提高图书馆电子书数据存储的安全性、可靠性[1]；各图书馆、出版社和馆配商之间可以根据协议构建一定范围内的区块链联盟组织专门用于图书馆的电子书服务，这样各个馆就成了系统中的参与节点，各参与节点共同维护系统内的电子书资源，又有区块链的数据不可篡改性及共识机制的技术支持，从而实现了电子书的资源共享和可靠传播。

3. 人工智能技术的应用

除上述基于人工智能技术的电子书内容生成外，人工智能技术的发展也将为电子书带来新的可能性，通过自然语言处理和机器学习等技术，电子书可以实现更智能化的功能。用户可以利用语音识别功能进行语音阅读，还可以通过智能推荐系统获得个性化的阅读推荐。例如，儿童阅读场景将是人工智能技术常见的领域，通过动态分析孩子的情绪、专注力和理解力，可以模仿其父母的声音朗读文章，及时与孩子进行沟通，实现有效的陪伴式阅读。让孩子拥

---

① 郑学远.区块链技术支持的图书馆电子书服务模式及平台研究[J].电子技术与软件工程，2022（10）:239-242.

有真正属于自己的个性化图书馆，逐步培养孩子的自主学习能力，在对孩子的个性、行为、习惯、兴趣等数据进行积累之后，为孩子的成长发展趋势作出预判。

当然，电子书产业的健康有序发展离不开国家政策的支持和引导，政府应加强版权保护监管，加大力度打击盗版和侵权行为，保护作家和出版商的合法权益，同时，进一步加强引导图书馆，适当推出相应的政策以便图书馆开展阅读教育推广活动，提高公众的数字阅读能力和阅读素养。图书馆也要紧跟市场的变化，不断提高电了书产品质量，助力电子书产业长期、稳定发展。